永恒的经典

流传百世的**80**篇

名篇佳作

刘晓树◎编著

天津出版传媒集团

天津科学技术出版社

图书在版编目（CIP）数据

流传百世的 80 篇名篇佳作 / 刘晓树编著 . -- 天津：
天津科学技术出版社， 2008.12（2024.5 重印）

（永恒的经典）

ISBN 978-7-5308-4957-6

Ⅰ.①流… Ⅱ.①刘… Ⅲ.①著作－简介－世界
Ⅳ.① Z835

中国版本图书馆 CIP 数据核字（2008）第 212642 号

流传百世的 80 篇名篇佳作
LIUCHUANBAISHI DE 80PIAN MINGPIAN JIAZUO

责任编辑：王　璐
责任印制：刘　彤
出　　版：天津出版传媒集团
　　　　　天津科学技术出版社
地　　址：天津市西康路 35 号
邮　　编：300051
电　　话：（022）23332399
网　　址：www.tjkjcbs.com.cn
发　　行：新华书店经销
印　　刷：三河市同力彩印有限公司

开本 710×1000　1/16　印张 12　字数 200 000
2024 年 5 月第 1 版第 5 次印刷

定价：49.00 元

前言

Preface

　　名篇是文学中的一枝奇葩，是在纸上跳跃的心灵文字。阅读古今中外的经典散文，不仅能够开阔眼界，增长知识，更能够在精神上获得启迪和昭示。作家以自身的生活经历和对人生的感悟创作了无数优秀的散文作品，在人类灿烂的文明史上描绘了一幅幅耀眼夺目的篇章，是人类永恒的印迹。透过这些作品，我们不仅能够剖析一个作家的创作内涵，全面、客观地评价作家和他的作品，还可以进一步了解作家所处的那个时代。

　　本书所选的作品虽然未必篇篇都是名作，但均是佳作，它们就像一挂随意串起的珍珠，虽然光泽不同、大小不一，却俱见价值。它们大都构思精巧、情文并茂、风格独特、思想性强，有助于提高读者阅读和写作能力。这些文字，浸染了作者的学识素养，它们或抒情，或记事，或咏物，或写景，或怀旧，或悼念；融情与景、人与事、光与色于一体，集思想性与艺术性于一身，有些尽管只是一篇序、一篇跋，或者只是一篇读书笔记，它们也具有独特的价值。本书中的作者，都曾名重一时，有的还是一些泰山北斗式的人物，走近他们，当然不是一件易事。但我们又很难拒绝他们的魅力。也许，这就是一种文化的魅力。阅读这些"名家名篇"，不仅可以帮助我们一睹他们的风采，使读者受到文学艺术的熏陶，更重要的是会使读者不自觉地沉醉其间，获得诸多人生启迪。愿我们这部散文集能够在广大读者心间，开出美丽的花朵并结出累累硕果。

编　者

CONTENTS
目录

流传百世的 80 篇名篇佳作 ■

热爱生命　　　　　　　　　　〔法国〕蒙　田 //2

要生活得写意　　　　　　　　〔法国〕蒙　田 //3

论爱情　　　　　　　　　　　〔英国〕培　根 //4

论美　　　　　　　　　　　　〔英国〕培　根 //6

论自尊心　　　　　　　　　　〔法国〕帕斯卡 //7

论伟人　　　〔法国〕让. 德·拉布吕耶尔 //9

巴黎人的好奇心　　　　　　〔法国〕孟德斯鸠 //11

致富之路　　　　　　　　　〔美国〕富兰克林 //12

美腿与丑腿　　　　　　　　〔美国〕富兰克林 //19

美的艺术　　　　　　　　　　〔德国〕康　德 //21

蜘蛛的智慧　　　　　　　　〔英国〕哥尔斯密 //23

致尼古拉上校书　　　　　〔美国〕乔治·华盛顿 //26

自然的魅力　　　　　　　　　〔德国〕歌　德 //27

金字塔感言　　　　　　　〔法国〕夏多布里昂 //30

自叙　　　　　　　　　　〔美国〕华盛顿·欧文 //32

论文学的复兴　　　　　　　　〔英国〕雪　莱 //35

论爱　　　　　　　　　　　　〔英国〕雪　莱 //37

巴尔扎克之死　　　　　　　　〔法国〕雨　果 //39

美　　　　　　　　　　　　　〔美国〕爱默森 //43

冬天之美　　　　　　　　　　〔法国〕乔治·桑 //45

《草叶集》序言　　　　　　　〔美国〕惠特曼 //47

想象力　　　　　　　　　　　　〔法国〕波德莱尔 //50

螳螂猎食　　　　　　　　　　　　〔法国〕法布尔 //52

牛蒡花　　　　　　　　　　〔俄国〕列夫·托尔斯泰 //59

竞选州长　　　　　　　　　　〔美国〕马克·吐温 //61

铁匠　　　　　　　　　　　　　　〔法国〕左　拉 //66

遗嘱　　　　　　　　　　　　　　〔法国〕罗　丹 //70

独立宣言　　　　　　　　　　　〔美国〕杰斐逊 //74

论人性的改变　　　　　　　　　〔美国〕杜　威 //78

图书馆　　　　　　　　　　　　〔印度〕泰戈尔 //85

呼吸英雄的气息　　　　　　　〔法国〕罗曼·罗兰 //87

子规的画　　　　　　　　　　〔日本〕夏目漱石 //89

海燕之歌　　　　　　　　　　　〔苏联〕高尔基 //91

禅的生命　　　　　　　　　　〔日本〕铃木大拙 //93

论老之将至　　　　　　　　　　〔英国〕罗　素 //98

少年中国说　　　　　　　　　〔中国〕梁启超 //101

神奇感　　　　　　　　　　　　〔英国〕毛姆 //106

论作家的人生哲学　　　　　　〔美国〕杰克·伦敦 //109

无知的乐趣　　　　　　　〔爱尔兰〕罗伯特·林德 //113

会说话的树　　　　　　〔黎巴嫩〕艾敏·雷哈尼 //117

孔雀尾巴　　　　　　　〔黎巴嫩〕艾敏·雷哈尼 //119

假如给我三天光明　　　　　〔美国〕海伦·凯勒 //120

我爱劳作者　　　　　　　〔黎巴嫩〕哈·纪伯伦 //128

CONTENTS
目录

流传百世的 80 篇名篇佳作 ■

一切障碍都在粉碎我　　　　〔奥地利〕卡夫卡 //130

法律门前　　　　　　　　　〔奥地利〕卡夫卡 //135

谈风格　　　　　　　　　　〔美国〕刘易斯 //137

性与美　　　　　　　　　　〔英国〕劳伦斯 //139

论男女之间的爱　　　　　　〔英国〕劳伦斯 //144

我的驴和金子　　　　　　　〔埃及〕哈基姆 //149

关于美　　　　　　　　　　〔日本〕川端康成 //152

作家的使命　　　　　　　　〔苏联〕肖洛霍夫 //154

70 岁自画像　　　　　　　　〔法国〕萨特 //157

《新青年》宣言　　　　　　〔中国〕陈独秀 //161

呐喊自序　　　　　　　　　〔中国〕鲁迅 //163

我所知道的康桥　　　　　　〔中国〕徐志摩 //167

再别康桥　　　　　　　　　〔中国〕徐志摩 //174

初到清华记　　　　　　　　〔中国〕朱自清 //176

背影　　　　　　　　　　　〔中国〕朱自清 //178

五四断想　　　　　　　　　〔中国〕闻一多 //180

归来的温馨　　　　　　　　〔智利〕聂鲁达 //182

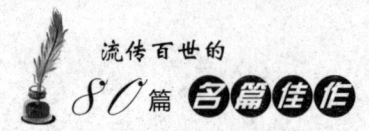

热爱生命

〔法国〕蒙 田

蒙 田（1553—1592），法国人文主义者、散文家。欧洲近代散文体裁创始人。他认为人应该热爱生命，应该享受生活，而享受生活首先要有精神自由。著有《散文集》。他的思想对以后的培根、莎士比亚等作家影响甚大。

　　我对某些词语赋予特殊的含义：拿"度日"来说吧，天色不佳，令人不快的时候，我将"度日"看做是"消磨光阴"，而风和日丽的时候，我却不愿意去"度"，这时我是在慢慢赏玩、领略美好的时光。坏日子，要飞快去"度"，好日子，要停下来细细品尝。"度日""消磨时光"等常用语令人想起那些"哲人"的习气。他们以为生命的利用不外乎在于将它打发、消磨，并且尽量回避它，无视它的存在，仿佛这是一件苦事、一件贱物似的。至于我，我却认为生命不是这个样的，我觉得它值得称颂，富有乐趣，即便我自己到了垂暮之年也还是如此。我们的生命受到自然的厚赐，它是优越无比的，如果我们觉得不堪生之重压或是白白虚度此生，那也只能怪我们自己。

　　"糊涂人的一生枯燥无味，躁动不安，却将全部希望寄托于来世。"不过，我却随时准备告别人生，毫不惋惜。这倒不是因生之艰辛或苦恼所致，而是由于生之本质在于死。因此只有乐于生的人才能真正不感到死之苦恼。享受生活要讲究方法。我比别人多享受到一倍的生活，因为生活乐趣的大小是随我们对生活的关心程度而定的。尤其在此刻，我眼看生命的时光无多，我就越想增加生命的分量。我想靠迅速抓紧时间，去留住稍纵即逝的日子；我想凭时间的有效利用去弥补匆匆流逝的光阴。剩下的生命越是短暂，我越要使之过得丰盈饱满。

要生活得写意

〔法国〕蒙　田

　　跳舞的时候我便跳舞，睡觉的时候我就睡觉。即便我一人在幽美的花园中散步，倘若我的思绪一时转到与散步无关的事物上去，我也会很快将思绪收回，令其想想花园，寻味独处的愉悦，思量一下我自己。天性促使我们为保证自身需要而进行活动，这种活动也就给我们带来愉快。慈母般的天性是顾及这一点的，它推动我们去满足理性与欲望的需要。打破它的规矩就违背情理了。

　　我知道恺撒与亚历山大就在活动最繁忙的时候，仍然充分享受自然的，也就是必需的、正当的生活乐趣。我想指出，这不是要使精神松懈，而是使之增强，因为要让激烈的活动、艰苦的思索服从于日常生活习惯，那是需要有极大的勇气的。他们认为，享受生活乐趣是自己正常的活动，而战事才是非常的活动。他们持这种看法是明智的。我们倒是些大傻瓜。我们说：“他一辈子一事无成。”或者说：“我今天什么事也没有做……”怎么！您不是生活过来了吗？这不仅是最基本的活动，而且也是我们的诸活动中最有光彩的。“如果我能够处理重大的事情，我本可以表现出我的才能。”您懂得考虑自己的生活，懂得去安排它吧？那您就做了最重要的事情了。天性的表露与发挥作用，无须异常的境遇，它在各个方面乃至在暗中也都表现出来，无异于在不设幕的舞台上一样。我们的责任是调整我们的生活习惯，而不是去编书；是使我们的举止井然有致，而不是去打仗，去扩张领地。我们最豪迈、最光荣的事业乃是生活得写意，一切其他事情，执政、致富、建造产业，充其量也只不过是这一事业的点缀和从属品。

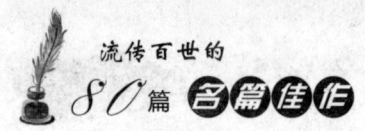

论 爱 情

〔英国〕培 根

培根（1561—
1626），哲学家、
作家。他学识渊博，
建树众多。除哲学、
法律、历史著作外，
他的《随笔》在英国
文学史占有重要地
位。

　　舞台上的爱情比生活中的爱情要美好得多。因为在舞台上，爱情只是喜剧和悲剧的素材，而在人生中，爱情却常常招来不幸。它有时像那位诱惑人的魔女，有时又像那位复仇的女神。

　　你可以看到，一切真正伟大的人物（无论是古人、今人，只要是其英名永铭于人类记忆中的），没有一个是因爱情而发狂的人。因为伟大的事业抑制了这种软弱的感情，只有罗马的安东尼和克劳底亚是例外。前者本性就好色荒淫，然而后者却是严肃多谋的人。这说明爱情不仅会占领开旷坦阔的胸怀，有时也能闯入壁垒森严的心灵——假如守御不严的话。

　　埃辟克拉斯曾说过一句笨话："人生不过是一座大戏台。"似乎本应努力追求高尚事业的人类，却只应像玩偶般地逢场作戏。虽然爱情的奴隶并不同于那班只顾吃喝的禽兽，但毕竟也只是眼目色相的奴隶，而上帝赐人以眼睛本来是有更高尚的用途的。

　　过度的爱情追求，必然会降低人本身的价值。例如，只有在爱情中，才总是需要那种浮夸谄媚的词令，而在其他场合，同样的辞令只能招人耻笑。古人有一句名言："最大的奉承，人总是留给自己的。"——只有对情人的奉承要算例外。因为甚至最骄傲的人，也甘愿在情人面前自轻自贱。所以古人说得好："就是神在爱情中也难保持聪明。懒惰人的这种弱点不仅在外人眼中是明显的，就是在被追求者的眼中

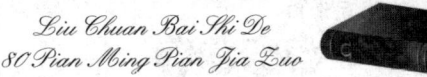
也会很明显——除非她（他）也在追求他（她）。所以，爱情的代价就是如此，不能得到回爱，就会得到一种深藏于心的轻蔑，这是一条永恒的定律。"

由此可见，人们应当十分警惕这种感情。因为它不但会使人丧失其他，而且可以使人丧失自己本身。至于其他方面的损失，古诗人早告诉我们，那追求的人，是放弃了财富和智慧的。

当人心最软弱的时候，爱情最容易入侵，那就是当人春风得意、忘乎所以和处境窘困孤独凄凉的时候，虽然后者未必能得到爱情。人在这样的时候，最急于跳入爱情的火焰中。由此可见，"爱情"实在是"愚蠢"的儿子。但有一些人，即使心中有了爱，仍能约束它，使它不妨碍重大的事业。因为爱情一旦干扰情绪，就会阻碍人坚定地奔向既定的目标。

我不懂是什么缘故让许多军人更容易堕入情网，也许这正像他们嗜爱饮酒一样，是因为危险的生活更需要欢乐的补偿。

人心中可能普遍具有一种博爱倾向。若不集中于某个专一的对象身上，就必然施之于更广泛的大众，使他成为仁善的人，像有的僧侣那样。

夫妻的爱，使人类繁衍；朋友的爱，给人以帮助；但那荒淫纵欲的爱，却只会使人堕落毁灭啊！

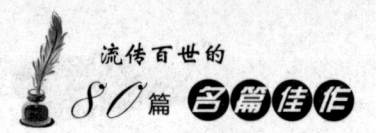
论 美

〔英国〕培 根

美德好比宝石，它在朴素背景的衬托下反而更华丽。同样，一个打扮并不华贵却端庄严肃而有美德的人是令人肃然起敬的。

美貌的人并不都有其他方面的才能。因为造物是吝啬的，他给了此就不再予以彼。所以许多容颜俊秀的人却一无作为，他们过于追求外形美而放弃了内在美。但这话也不全对，因为奥古斯都、菲斯帕斯、菲力普王、爱德华四世、阿尔西巴底斯、伊斯梅尔等，都既是大丈夫，又是美男子。

仔细考究起来，形体之美要胜于颜色之美，而优雅行为之美又胜于形体之美。最高的美是画家所无法表现的，因为它是难于直观的。这是一种奇妙的美。曾经有两位画家——阿皮雷斯和丢勒滑稽地认为，可以按照几何比例，或者通过摄取不同人身上最美的特点，用画合成一张最完美的人像。其实像这样画出来的美人，恐怕只有画家本人喜欢。美是不能制定规范的，创造它的常常是机遇，而不是公式。有许多脸型，就它的部分看并不优美，但作为整体却非常动人。

有些老人显得很可爱，因为他们的作风优雅而美。拉丁谚语说过："晚秋的秋色是最美好的。"而尽管有的年轻人具有美貌，却由于缺乏优美的修养而不配得到赞美。

美犹如盛夏的水果，是容易腐烂而难保持的。世上有许多美人，他们有过放荡的青春，却迎受着愧悔的晚年。因此，把美的形貌与美的德行结合起来吧。只有这样，美才会放射出真正的光辉。

论自尊心

〔法国〕帕斯卡

　　自尊心和所谓人类"自我"的本性就是只爱怜自己，只看重自己。可它有什么用呢？它并不能防止它所爱的对象充满缺点和不幸。他希望自己伟大，却感到自己渺小；希望自己幸福，却感到自己不幸；希望自己完美，却感到自己充满缺点；希望得到别人的爱和尊重，却发现自己的缺点只配让人厌恶、受人轻蔑。处于这种窘境，他产生了一种人们可以想象的、最不正当的、罪恶的感情，对一再暴露他缺点的事实，他恨之入骨。他想推翻事实，却又无力毁掉事实本身，于是他就竭尽全力破坏自己和别人对真实的认识，即是说，他千方百计对人对己掩盖缺点，他不能忍受别人发现和指出他的不足。

　　充满缺点也许是不幸之事，但是充满缺点又不愿承认则是更大的不幸，因为这等于在缺点之上再故意加上一种假象。我们不愿让人欺骗我们，有人想得到超出他们本身价值的重视，我们就认为是不合理的；那么，我们如果欺骗别人，想得到我们不配得到的重视，那也是不合理的。……

　　对事实的厌恶有不同程度，可以说每个人都不同程度地存有这种心理，因为它与自尊心是不可分的。正是这有害的敏感迫使那些不得已批评他人的人尽可能转弯抹角选择折中的方式，以免激恼他人。他们必须缩小我们的缺点，装出原谅我们缺点的样子，在批评中加进对我们的赞扬，表明对我们的爱和重视。尽管如此，这剂药对于自尊心过强的人来说

布莱士·帕斯卡（1623—1662），法国数学家、物理学家、宗教哲学家。帕斯卡早期进行自然和应用科学的研究，对机械计算器的制造和流体的研究作出重要贡献，扩展托里切利的工作，澄清了压强和真空的概念。帕斯卡还有力地为科学方法辩护。数学上，帕斯卡促成了两个重要的新研究领域。他16岁写出一篇题为射影几何的论文，1654年开始与皮埃尔·德·费马通信，讨论概率论，大大影响了现代经济学和社会科学的发展。他的思想理论集中地表现在他的《思想集》一书中。

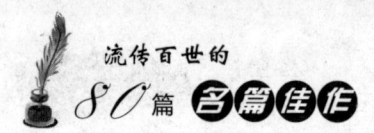

不免过于苦涩，他总是尽可能少吃，而且总是很厌恶，甚至经常对开药方的人暗怀怨恨。

由此产生这样的现象，如果有人需要得到我们的爱，他就会避免做那些他知道会让我们讨厌的事，他就会像我们所希望的那样对待我们：我们仇视事实，他就将事实真相掩盖起来，我们希望受到恭维，他就来阿谀奉承，我们情愿受骗，他就欺骗我们。

这就是为什么在社会上发迹会使人远离事实。人们都害怕得罪那些得其爱就有利可图，失其宠则有危险的人。一个君主可以是全欧洲的笑柄，而自己却全然不知。对此我并不以为奇。因为讲出事实真相对听的人有益，对讲的人却有害，他会因此招来怨恨。而君主周围的人爱他们自己的利益胜于爱他们所侍奉的君主的利益，所以，他们不会以损害自己利益作代价为君主谋利益。

这种不幸也许在最富有者中显得最常见，但不太富有者也不能避免，因为得到别人的爱总是有益的。因此，人生只不过是一场无休止的骗局。人与人之间总在互相蒙骗、互相吹捧。没有人在当面和背后谈论我们时会说一样的话。人与人的关系就是建立在彼此的欺骗上。假如每个人都知道他的朋友背后怎样议论他，那么，尽管朋友的议论是真诚而不带偏见的，友谊很少还会持久下去。

人无论对己还是对人，都只不过是乔装、谎言和虚伪。他既不愿让人告诉他事实，也不愿将真相告诉别人。所有这些与公正和理智相去甚远的倾向的自然根源就在人的内心深处。

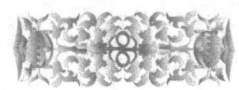
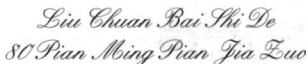
论 伟 人

〔法国〕让．德·拉布吕耶尔

在某一点上，伟人比常人确要优越千百倍！我并不是在羡慕他们的美味佳肴，也不是在羡慕他们的华贵摆设，更不是在羡慕他们的狗、马、猴、侏儒以及手下无数阿谀奉迎之徒。我所羡慕的是他们享受着奴役者的幸福，而被奴役的人无论在精神上还是在智慧上都与他们处于平等地位，甚至超过他们。

在林间开辟一条小径，在领地四周筑起长长的围墙，在卧室的天花板上铺金挂银，或者引来十指深的一泓清水，或者耕种橘园……对诸如此类的事伟人们是不厌其烦的。至于其他的事，如满足一颗心灵的乞求，让一颗灵魂充满欢乐，使百姓不乏衣食或设法解救他们……这些事就远非伟人们的好奇心所能及的了。

说漂亮话对伟人们来说无须付出任何代价，凭借优越的地位他们可以不履行任何诺言。倘能不夸下更加耸人的海口，便是谦虚了。

伟人瞧不起聪明人，因为聪明人无非聪明而已；聪明人蔑视伟人，因为伟人无非伟大而已；有德行的人则对二者都不满意，因为伟人徒有其名，聪明人徒有智慧，二者皆无德行。

有身份的人物不顾众人的推举而甘居低位，这是纯粹的虚伪。首先，谦虚不会使他们吃亏；其次，同众人打成一片，或者在议会厅里最不起眼的位置就座，这样可以收买人心，而使得众人加倍地敬重他们，并齐心协力扶助他们摆脱不相

让．德·拉布吕耶尔（1645—1696），法国散文家。他的散文作品是 18 世纪启蒙文学的先声。拉布吕耶尔生于小资产阶级家庭，生活并不富裕，他 20 岁时成为律师，40 岁时当上孔代亲王之孙波旁公爵的家庭教师。他利用居住公爵府之便，留心观察和分析各种出入府中的上层人物，并不断记录自己的随感，日久集成一本《品性论》。晚年，他在"古今之争"中站在波瓦洛一边，反对贝洛的革新观点。

称的地位。若小人物也故作谦逊就未必会感到好受了：他们胆敢置身于大众之中，众人就会将他们辗得粉碎；倘若选择了与自己不相称的地位，就永远别想得到改善。

　　我们最好还是不要去议论大人物，因为说好话必然近于阿谀，说坏话则更糟：若大人物健在，则说话者有掉脑袋的危险；若大人物已归阴，说话者有懦夫之嫌。

※　18世纪的法国油画

巴黎人的好奇心

〔法国〕孟德斯鸠

孟德斯鸠（1689—1755），与伏尔泰、狄德罗、卢梭齐名，同是法国18世纪启蒙运动的主将。他的《论法的精神》早在清末就由严复从英文转译成中文（《法意》）。他的主要文学作品《波斯人信札》也早有林抒的中译本，名为《鱼雁抉微》，连载于1916年的《东方杂志》。

巴黎居民好奇到荒诞不经的程度。我初到巴黎，大家把我看成天上派来的人一样；男女老幼，无不以目睹为快。我一出大门，大家都到窗口来看；我一到都衣勒丽（广场名），四周立刻围上一圈人；妇女们以千百种不同的服装颜色，排成一条彩虹，围绕着我；我一到戏院，劈头就发现百十对的眼镜，瞄准我的面孔；总之，从来没有人像我这样被人观看过。有时我不禁微笑，听那些几乎向来足不出户的人，纷纷议论："说句实话，他可是十足的波斯神气。"我到处发现自己的肖像；所有的铺子里，所有的壁炉架上，到处是我的化身。人家就怕不能畅快地看我。可真了不起！

这么大的荣誉，不能不令我为难：我不信自己是个稀奇古怪的人；况且，即使我自命不凡，却也决想不到一个对我说是完全人地生疏的大城市，会因为我闹得鸡犬不宁。于是我决定脱下波斯服，改穿欧洲装，且看改装之后，我容貌上是否还剩下什么令人赞美之处。这一尝试，使我认识了自己的真实价值。我脱下了全身的外国打扮之后，人们对我的估价再正确没有了。我真该抱怨裁缝，他使我在一刹那间失去了公众对我的注意与重视，因为服装一换，我突然进入了骇人的虚空。有时我与众人相处一小时之久，别人竟不看我一眼，也不让我有开口的机会。然而，假如有人偶然告诉大伙，说我是波斯人，我马上听见周围乱喳喳地说："啊！啊！先生是波斯人吗？这真是不可思议！怎么一个人会成为波斯人呢？"

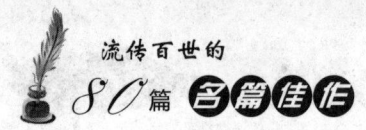
致富之路

〔美国〕富兰克林

富兰克林（1706—1790），美国政治家、科学家。曾参加《独立宣言》起草，草拟过《美国宪法》。本文是他1757年7月7日赴英国执行外交使命途中，为《穷理查历书》写的序言。曾被译为20余种文字，广传世界。

文明的读者：

我听说一名作者最大的快乐莫过于发现自己的作品被其他博学的作家敬佩地引用。这种快乐我难得享受过。如果我可以淡泊地说，虽然我是一名历书的杰出作者，这种历书每年一册，已出了整整四分之一世纪，可是我不知道什么原因，和我同行的作家兄弟一直吝惜他们的赞词，而其他方面的作家压根就没有注意到我。因此，如果说我的作品没有给我带来实惠的话，缺少恭维方面也十分令人丧气。

然后，我得出了这样的结论：人民最善于鉴定我的功过了，因为他们买我的作品。再说，我闲逛的时候，人们并不认识我，可是我常常听到有人在引用我的格言，而且引用完毕后还加上一句：穷理查就是这么说的。这给了我某种满足，因为它不仅说明我的教导受到重视，而且还发现人们对我的权威有所尊重。我承认，为了鼓励背诵、复述这些警句的做法，我有时候还严肃认真地引用我自己的话呢。

我要告诉你一件小事，看看我从中得到了多大的满足。不久前我让自己的马停在一个商品拍卖处门口，那里聚集了一大群人。由于还不到营业时间，人们便议论起时世的艰难。人群里有人对一个满头白头发的老头儿喊道："请问，亚伯拉罕大爷，你看世道如何？这些重税难道不会把国家毁掉吗？我们可怎么交税呀？你对我们有些什么指教呢？"亚伯拉罕大爷站起来答道："你们要听我的劝告，我就简短地说

几句吧。因为，智者一言已足，言多于事无补，穷理查就是这么说的。"大家都希望他谈谈自己的想法，所以把他团团围住，于是他讲了下面的话："朋友们，邻居们，税实在太重，如果我们要交的仅仅是政府征的税，那交起来倒比较容易。可是我们还有许许多多的税，对有些人来说更难以忍受。懒惰抽我们两倍的税，骄傲抽我们三倍的税，愚蠢抽四倍的税，税务局长们即使允许减税，也不能替我们减轻或交纳这样的一些税。不过咱们听听忠告，也许还有办法。自助者天助，穷理查在他 1733 年的历书中就是这么说的。"

如果一个政府把人民替它服务用的时间的十分之一抽了税，那这个政府就未免太苛刻了。如果我们把在绝对怠惰或无所事事中度过的时光计算起来，再加上在毫无用处的闲事或娱乐中度过的时光，那么，懒惰向我们抽的税就要多得多了。怠惰由于使人生病，从而绝对缩短了生命；怠惰犹如铁锈，耗损精力快过劳累，而常用的钥匙老是发亮，穷理查就是这么说的。可是倘若你热爱生命，那就别浪费光阴，因为光阴正是构成生命的原料，穷理查就是这么说的。我们在睡眠中度过的时光未免太多！忘记了睡着的狐狸抓不住鸡，人在坟墓里将会睡个够，穷理查就是这么说的。我们在睡眠中度过的时光未免太多！穷理查说得好，浪费时光一定是最大的挥霍，因为他在别的地方告诉我们：光阴一去不回还。而我们所谓的时间足够，总是证明时间不够。那就让我们起来行动，行动不要不得当。通过努力我们将多做事，少困惑，怠惰使万事艰难，勤勉使一切便当。穷理查就是这么说的。起得晚就得整天奔波，到天黑还赶不完自己的工作。懒惰走路慢腾腾，穷困赶上快如风，我们在穷理查的历书上读到的就是这样。他还说，必须人逼事，勿让事逼人，睡得早，起得早，富裕、聪明、身体好。

所以向往好时光是什么意思呢？如果我们奋起努力，就可以创造好时光。勤奋不需要向往，穷理查就是这么说的。谁靠希望生活，谁就会空着肚子死去。不劳则无获。那么，双手放麻利，因为我没有土地，如果我有了土地，就要狠狠对土地抽税。而且，穷理查还说，谁有手艺谁就有地产，谁有职业谁就有名利双收的公司。可是手艺必须人干，职业也要好好从事，地产和公司都不会给我们纳税的能力。如果我们勤奋，就永远不会挨饿。因为穷理查说：饥饿只在劳动者的家门上窥探，却没有胆量进去。警察也不会进去，因为勤勉偿还债务，自暴自弃却在增加债务，穷理查说。你若没有找到财宝，有钱的亲属也没有给

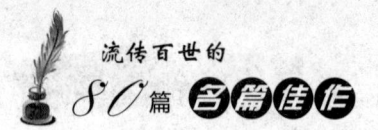

你留下遗产，那又有什么关系？勤奋是成功之母，穷理查就是这样说的，而且上帝把一切都交给勤奋。懒汉在睡觉，你就去犁田，到时候你粮多好卖钱，穷狄克说：今日事今日毕，因为你不知道明天有多少障碍。这就使穷理查说：一个今天抵得上两个明天。他还说，如果你明天非干不可，还不如今天把事做完。如果你是个仆人，一个好主人碰见你在闲荡，难道你不害臊吗？如果你自己当了主人，你发现自己吊儿郎当，就应该感到丢脸，穷狄克就是这么说的。如果有许多事情要为自己、为家庭、为祖国、为王上去做，曙光初露就要起身。别让太阳朝下盯着你说：他躺在这儿好丢人。拿工具干活别戴手套，记住，戴手套的猫逮不住老鼠。

穷理查就是这么说。的确，要干的活儿不少，也许你笨手笨脚，可是要持之以恒，你就会看到效果不凡，因为水滴石穿。依靠勤奋、耐心，耗子能啃断铁绳，小刀能斩断大橡树干，穷理查在他的历书中就是这么说的，年份我眼下记不起来了。

我想我听到你们有些人说，难道一个人不可有闲暇吗？朋友，我要告诉你穷理查的话：要想得到闲暇，就好好利用时光。既然你对一分钟没有把握，就别丢掉一小时。闲暇是准备做有益的事情的时光。这种闲暇，勤奋的人会得到，懒汉却永远不会有。所以穷理查说，闲暇的生活与懒惰的生活是两码事。你认为怠惰比勤奋更能使你舒畅吗？不，因为穷理查说：懒惰生烦恼，安逸惹酸苦。不劳力的人只靠智谋生活，会因主干不牢而摧折。勤奋给人舒适、富足和尊敬。躲避欢乐，欢乐仍会追逐你。勤快的纺纱工快活比人多。现在我有一只羊，一头牛，人人都向我表示问候。这些话穷理查讲得真好。

可是除了勤勉，我们还得坚定不移、小心谨慎，事必躬亲，不要过多地依赖他人。因为穷理查说：

> 我从未看见常移的树，
>
> 也从未见过常搬的家，
>
> 能像安定那样兴旺发达。

他还说：三次搬迁坏似一场火灾。又说：扶持你的商店，商店会扶持你。还说：如果你要把生意做成，自己去；如果不想做成，派人去。他还说：要靠犁头发迹，必须亲手扶犁。

还有，主人眼睛干的多于双手干的；还说，漫不经心的害处胜过孤陋寡闻；

还说，不监督工人，就等于把钱包敞开让他们瓜分。过多依赖别人的关心葬送了许多人的前程。因为历书上说，人在世事中得救，靠的不是信任，而是缺乏信任。可是一个人亲自关照是有好处的。因为穷狄克说：学问归勤奋的人，财富归仔细的人，权力归勇敢的人，天堂归有德行的人；还说，如果你想要一个忠实的仆人，一个你所喜欢的仆人，那就自己服侍自己。他还提出忠告，哪怕在极小的事情上也要小心谨慎，因为有时候小疏忽酿成大灾祸。还说：由于少了一个钉子，失去了马掌。由于少了一只马掌，失去了马匹；由于少了一匹马，失去了骑手。就因为对马掌上的一个钉子不小心，结果被敌人追上杀了。

朋友们，关于勤奋和事必躬亲就说到这里；如果我们要使自己的勤奋获得更大的成功，我还得加上节俭。一个人如果不知道怎样节省自己的收入，他也许一辈子累死累活，到头来还是不名一文地死去。丰足的厨房造成了薄弱的意志，穷理查就是这么说的。而且，许多田产得而复失，因为女人嗜茶点不去纺织，因为男人不砍柴只贪酒食。

如果你要致富，他在另一本历书中说，不仅要想到赚，而且要想到省。西印度没有使西班牙富裕，因为它的开支大于它的收入。因此改掉你爱花钱的愚蠢行为，那你就没有多少理由抱怨时世艰难、征税过重和家庭开销太大了。因为穷狄克说：色、酒、骗、赌，使人穷苦。还说：维护一种恶习，等于养育两个孩子。也许你认为，有时喝点儿茶，喝点儿酒，吃贵点儿的饭，穿好点儿的衣服，偶尔有点儿娱乐活动，并非什么大不了的事。可是想想穷理查的话：许多一点儿聚成了一片儿。还说：谨防小花销，小漏洞可以沉大船。还说：谁一心要吃好，到头来就乞讨。还说，傻瓜设宴，聪明人前来用饭。

你们聚集在这里要买锦衣古玩——你们把它叫做货物。如果你们不当心的话，到头来就是你们某些人的祸物。你们希望它会贱卖，也许售价比它的成本还低。假如你们不需要它，对你们来说它就十分昂贵了。记住穷理查的话；你若买不需要的东西，过不了多久你就会卖你必需的东西。还说，在便宜货前踌躇片刻。他的意思是：兴许看起来便宜，但未必真的便宜。或者因为使你的生意十分窘迫，这种廉价货对你造成的弊多于利。他在另一个地方又说，许多人因为买便宜货毁了自己。穷理查又说：花钱买后悔，愚蠢透顶。可是由于不注意读书，这种愚蠢行为在拍卖市场每天都有。穷理查说：智者从别人的失败中吸取教训，愚者从自己的失败中也不大吸取。可是，对别人的不幸引以为戒的

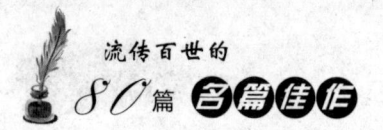

人是幸运的。许多人为了身上的漂亮衣服，自己食不果腹，家小也饥肠辘辘。穷理查说：绸缎丝绒扑灭了灶火。这些不是生活必需品，也难称得上方便用品，就因为它样子漂亮，多少人都想拥有。这样一来，人类人为的需要大大超过了自然的需要。正如穷狄克说的那样，一人穷酸，百人艰难。由于购买这些和别的奢侈品，上流人士就陷于贫困，不得不向他们原先瞧不起的人借钱，可是人家却靠勤奋和节俭站稳了脚跟。遇到这种情形，显而易见的是：站着的农夫比跪着的绅士高，穷理查就是这么说的。也许他们还有一笔小小的田产，可他们却不知道它的来历。他们认为现在是白天，永远不会到夜晚。这么多的财产花一点儿不足挂齿（穷理查说：小孩和傻子想着二十先令、二十年，永远花不完也过不完），可是，一个劲地从饭盆里往出舀，从来不向里面添，很快露出底朝天。然后，就如穷理查所说，井干方知水贵。如果人们听他的劝告，他们也许早就知道这一点了。你若要知道钱的价值就去借一些试试看，因为谁借钱谁就难堪。如果有人把钱借给那一类人，他去讨债时，也同样遇到难堪。穷理查更进一步规劝道：夸耀衣着肯定招致灾殃；若要顾及爱好，先要考虑钱囊。还说，骄傲就像穷困，是一个大声喧闹的乞丐，而且远比穷困莽撞。当你已经买了件时髦玩意时，你一定要再买十件，这样你才会显得体面。可是穷狄克说，头一个欲望还好遏制，随后无休止的渴望就难满足。穷人模仿富汉，犹如青蛙鼓足气跟公牛比高低，真是愚不可及。

大田产要冒大风险，小船儿不应远离海岸。可是，愚蠢行为很快就遭到惩罚，因为骄傲的午饭吃的是虚荣，晚饭吃的却是轻蔑，穷理查就是这么说的。他在另外一个地方又说：骄傲的早饭吃得满足，午饭吃得贫苦，晚饭吃得耻辱。所以为夸耀门面担很大风险，又要受很多痛苦，这么做到底有什么用呢？它不能增进健康，也不能减轻痛苦。它不能增加一个人的优点，只能产生嫉妒，加速不幸。

花花蝴蝶是什么？充其量是毛毛虫装扮煊赫，正像那花花公子的新衣服，穷理查就是这么说的。可是为了这些浮华东西弄得债台高筑真等于发疯！这次拍卖赊销期限是六个月。这也许引诱我们一些人去光顾了，因为我们拿不出现钱，希望不拿现款地体面一番。啊，想想你负了债可怎么办。你把自己的自由交给别人去支配，如果你到时候付不起款，你就无脸见你的债权人。你跟他说话时，心惊胆战，你会缩头缩脑找一些可怜巴巴的借口。久而久之，你就失去了诚实，

一味卑鄙地撒谎，不能自拔。因为穷理查说，第二个恶习是撒谎，第一个恶习是欠债。他同样中肯地说，人一欠债就不由得说谎。而一个生来就是自由的英国人不应当羞于见人，或害怕见人，也不应当羞于跟人说话，或害怕跟人说话。可是贫穷往往使人短精神、缺德行。空口袋很难立直，穷理查就是这么说的。如果哪个王子，哪个政府昭示全国，不许你穿得像个绅士或淑女，违者下狱或服苦役，对此你作何感想呢？难道你不会说，你是自由的，有权按自己的爱好穿衣戴帽，那样的命令是侵犯你的权利，那样的政府未免太暴虐了？可是当你为那样的衣着负了债以后，你就要把自己置身于那种暴虐之下了！如果你还不了债，你的债权人有随意剥夺你的自由的特权，使你终生身陷囹圄，或者把你卖做奴隶！当你拿到便宜货的时候，也许你很少想到还账。可是穷理查告诉我们，债权人的记性比债务人的好。在另一个地方又说：债主是一群迷信的人物，严格遵守规定的时日。你不知不觉，那一天就来到了，他提出要求时你还没有作好满足他的准备。要是你把债记在心头，期限起初似乎很长，由于逐渐淡忘，就会显得极短。时间似乎在肩膀和脚跟上都插了翅膀。穷理查说，谁要在复活节还钱，谁的四旬斋就短得可怜。因为他说：借钱人是贷款人的奴隶，债务人是债权人的奴隶。鄙弃枷锁，维护你的自由吧！维护你的独立吧！勤奋而自由，节俭而自由。也许目前你认为你正在兴旺发达的境地，奢侈一点也不妨事，可是趁早把老年和贫穷提防，没有普照永久的朝阳，穷理查就是这么说的。收入是暂时的，不确定的，可是只要你活着，花销却是经常的、必然的。造两个烟囱容易，坚持烧一个难，穷理查就是这么说的。所以，宁肯睡觉前不吃饭，也不愿起床时把债欠。

能抓到手的东西要抓紧，石头会把铅变成金，穷理查就是这么说的。一旦有了点金石，你肯定就不会再抱怨时世险恶、纳税困难了。

朋友们，这个原则就是理性和智慧。不过，切勿过多地依赖你自己的勤奋、节俭、谨慎，虽然这些都是极好的作风。因为没有上天保佑，一切全都落空。因而谦恭地乞求天佑，对于目前似乎需要天佑的人不要无情，而要安慰帮助他们。记住约伯先受罪，后发迹。

现在说最后一句话，吃亏学乖代价高，笨汉非此学不好，而且从中学的也太少。的确，我们可以提出劝告，却无法提供行动，穷理查就是这么说的。不过记住这一点：不听劝告的人无药可救，穷理查就是这么说的。他还说，如果

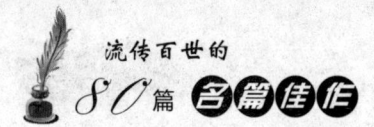

你不听道理，道理肯定会惩罚你。

这位老先生就这样结束了他的训导。人们听了，也赞同这种教诲，却随即反其道而行之，仿佛那只不过是一次平平常常的布道一样。因为拍卖开始了，他们大肆抢购起来，根本不管他的告诫，也不顾他们自己对税收的恐惧。我发现这位好人透彻地研究过我的历书，把25年内我在这些问题上写下的话全都消化了。他接二连三地提起我，肯定使别人都厌烦了，可是大大满足了我的虚荣心，虽然我知道他把那些智慧都归功于我，其实属于我自己的还不足十分之一，我只不过把古往今来、世界各国的道理做了一番搜集罢了。不过，我认为调嘴学舌反而更好。虽然我最初决定买些料子做一件新衣，但是我走开了，决心把旧的再穿一段时间。读者，如果你也愿意这么做，你的收获就会像我的一样大。

永远为您效劳的理查·桑德斯

1757 年 7 月 7 日

美腿与丑腿

〔美国〕富兰克林

　　世界上有两种人，他们的健康、财富以及生活上的各种享受大致相同，结果，一种人是幸福的，另一种却得不到幸福。他们对物、对人和对事的观点不同，那些观点对于他们心灵上的影响因此也不同，苦乐的分野主要的也就在此。

　　一个人无论处于什么地位，遭遇总是有顺利有不顺利；无论在什么交际场合，所接触到的人物和谈吐，总有讨人欢喜的和不讨人欢喜的；无论在什么地方的餐桌上，酒肉的味道总是有可口的也有不可口的，菜肴也是煮得有好有坏；无论在什么地带，天气总是有晴有雨；无论什么政府，它的法律总是有好的，也有不好的，而法律的施行也是有好有坏。天才所写的诗文，里面有美点，但也总可以找到若干瑕疵。差不多每一张脸上，总可找到优点和缺陷，差不多每一个人都有他的长处，也有他的短处。

　　在这些情形之下，上面所说两种人的注意目标恰好相反；乐观的人所注意的只是顺利的际遇、谈话之中有趣的部分、精制的佳肴、美味的好酒、晴朗的天气等等，同时尽情享乐。悲观的人所想的和所谈的却只是坏的一面。因此他们永远感到悒悒不乐，他们的言论在社交场所既大煞风景，个别的还得罪许多人，以致他们到处和人格格不相入。如果这种性情是天生的，这些悒悒不乐的人倒是更堪怜悯。但那种吹毛求疵令人厌恶的脾气，也许根本从模仿而来，于不知不觉中养成了习惯。假若悲观的人能够知道他们的恶习对于他们一生幸福有如何不良的影响，那么即使恶习已经到了根深蒂固的程度，也还是可以矫正的。我希望这一点忠告可能对悲观的人有所帮助，促使他们去除恶习；这种恶习实际上虽然只是一种态度，一种心理行为，但是它却能造成终生的严重后果，带来真的悲哀与不幸。他们得罪了大家，大家谁也不喜欢他们，至多以极平常的礼貌和敬意跟他们敷衍，有时甚至连极平常的礼貌和敬意都谈不到。他们常

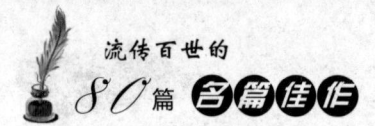 

常因此很气愤，引起种种争执。他们如想地位改进或财富增加，别人谁也不会希望他们成功，没有人肯为成全他们的抱负而出力或出言。如果他们招受到公众的责难或羞辱，也没有人肯为他们的过失辩护或予以原谅；许多人还要夸大其词地同声攻击，把他们骂得体无完肤。如果这些人不愿矫正恶习，不肯迁就，不肯喜欢一切别人认为可爱的东西，而总是怨天尤人，为一切不可爱的东西自寻烦恼，那么大家还是避免和他们交往的好；因为这种人总是和人难以相处，一旦你发觉自己被牵缠在他们的争吵中时，你将感到很大的麻烦。

我有一位研究哲学的老朋友，由于饱经世故，时时谨慎、留神，避免和这种人亲近。他像一般哲学家一样，备有一具显示气温的寒暑表，和一具预示晴雨的气压计；但什么人有这种坏脾气，世界上还没有人发明什么仪器，可以使他一看便知，因此，他就利用他的两条腿：一条长得非常好看，另一条却因曾逢意外事件而呈畸形。陌生人初次和他见面，如果对他的丑腿比对他的好腿更为注意，他就有所疑忌。如果此人只谈起那条丑腿，不注意那条好腿，这就足以使我的朋友决定不再和他作进一步的交往。这样一副大腿仪器并非人人都有，但是只要稍为留心，那种有吹毛求疵恶习之流的一些行迹，大家都能看山来，从而可以决定避免和他们交往。因此，我劝告那些性情苛酷、怨愤不平和郁郁寡欢寡欢的人，如果他们希望能受人敬爱而自得其乐，他们就不可再去注意人家丑腿了。

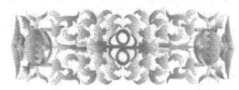

美的艺术

〔德国〕康 德

康 德（1724—1804），德国哲学家、德国古典唯心主义创始人。著有《未来形而上学导言》《实践理性批判》《判断力批判》等。

没有关于美的科学，只有（关于美的）评判；也没有美的科学，只有美的艺术。因为关于美的科学，就需科学地、也就是通过证明来指出，某一物是否可以被认为是美的。那么，对于美的判断将不是鉴赏判断，如果它隶属于科学的话。至于科学，倘若作为科学而被认为是美的话，它将是一个不存在之物。因为，如果把它作为科学来询及理由和证据时，人们会拿美丽的词句来打发我们。至于产生通常所谓的美的科学的根由，无疑不是别的，而正是像人们所完全正确地指出的：美的艺术在它的全部的完美性里包含着不少科学，例如古代文字的知识，古代遗产的熟悉等。这些学识构成了美的艺术的必要的准备和基础。另外一部分根由则因为对美术作品的知识（演说术和诗艺）也包含在这里面。由于名词的误用，就被称做美的科学了。

假使艺术适合着可能对象的认识，单纯为了把它来实现，进行着为这目的所必要的动作，那它就是机械的艺术。假使它拿快感做它的直接的企图，它就唤作审美的艺术。这审美的艺术可以是快适的艺术，或者是美的艺术。它是前者，假使它的目的是快乐，而这快乐伴随着诸表象作为单纯的感觉；它是后者，假使这快乐伴随着诸表象作为认识的样式。

快适的艺术是单纯以享受做它的目的。例如人们在筵席间享受到一切的刺激，有趣地谈说着故事，诱使座客们活泼自由地高谈阔论，用谐谑和欢笑造成快乐气氛。在这场合，

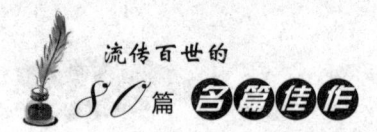
正如人们所说的，随便说些醉话，不负任何责任，不留在一个固定题目的思考与唱和里，只为着当前的欢娱消遣（隶属于这场合的也有筵席的精美陈设，在大宴会里甚至于还有着音乐的演奏；这是一个奇怪的东西，它只是作为一种舒适的音响支持着大众愉快的情调，协助他们和邻座的交谈，没有人丝毫注意到这音乐曲调的结构）。此外属于这场合的还有一切游戏，这些游戏没有别的企图，只是叫人忘怀于时间的流逝。

与此相反，美的艺术是一种意境，它只对自己具有合目的性，并且，虽然没有目的，它仍然具有促进心灵诸力的陶冶以达到社会性的传达作用。

一种"愉快"的普遍传达性，在它的概念里已经包含着这件事实；它不是一种单纯官能感受的快乐，而必须是一种反省的快乐。因此审美的艺术是这样一种艺术，它是以反省的判断力而不是以官能感觉作为准则的。

※　著名新天鹅岩城堡位于慕尼黑以南富森的阿尔卑斯山麓，也叫白雪公主城堡，建于1869年。最初它是由巴伐利亚国王路德维希二世的梦想所设计，国王是艺术的爱好者，一生受着瓦格纳歌剧的影响，他构想了那传说中曾是白雪公主居住的地方。他邀请剧院画家和舞台布置者绘制了建筑草图，梦幻的气氛、无数的天鹅图画，加上围绕城堡四周的湖泊，沉沉的湖水，确实如人间仙境。

蜘蛛的智慧

〔英国〕哥尔斯密

在我观察过的独居的昆虫中，蜘蛛最聪明。它的动作，就是对曾经专心研究过它们的我来说也似乎难以置信。这种昆虫的天生形体，是为了战斗，不仅和其他昆虫，而且和它同类相斗。大自然似乎就是为了这种生活景况而设计了它们的形体。

它们的头和胸覆以天然的坚硬甲胄，这是其他昆虫无法刺破的。它们的身躯裹以柔韧的皮甲，可以抵挡黄蜂的蜇刺。它们的腿部末端的强壮，与龙爪类似，并且脚爪之长简直像矛一般，足以对付远处的进攻者。

蜘蛛的几只眼睛，宽大透明，遮以某些有刺物质，但这并不妨碍它的视线。这种良好的装备，不仅是为了观察，而是为了防御敌人的袭击；此外，在它的嘴巴上还装备一把钳子——这是用以杀死在它脚爪下或网里的捕获物。

凡此种种，都是装备在蜘蛛身上的战斗武器，而它编织的网更是它主要的武器，因此，它总是要竭尽全力，把丝网织得尽善尽美。天然的生理机能还赋予这种动物以一种胶质液体，使之能拉出粗细均匀的丝。

当蜘蛛开始织网时，为了固定其一端，它首先对着墙壁吐出一滴液汁，慢慢硬化的丝线就牢固地粘在墙上了。然后，蜘蛛往回爬，这根线越拉越长；当它爬到线的另一端应该固定的地方，就会用爪把线聚集拢来以使线绷紧，也像刚才一样固定在墙壁的另一端上。它就这样牵丝拉线，固定了几根相互平行的丝，这就准备好了理想中的网的经线。为了做成

奥立佛·哥尔斯密（1728—1774），出生于爱尔兰一个穷苦的乡村牧师家庭，曾就学于都柏林和爱丁堡大学。他主要的作品是小说《威克菲的师传》和长诗《荒凉的乡村》。他也写了大量的散文作品，如《世界公民》就是以小品文的形式讲述一个假托的中国人的伦敦见闻，讽刺了英国的社会制度、习俗和人的精神面貌。

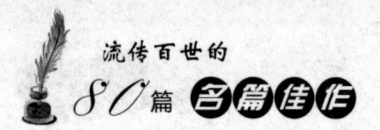
纬线，它又如法炮制出一根来，一端横粘在织成的第一根线（这是整个网圈最牢固的一根）上，另一端则固定在墙壁上。所有这些丝线都有黏性，只要一接触到什么东西就可以胶住；在这个网上容易被毁损的部分，我们的织网艺术家懂得织出双线以加固之，有时甚至织成六倍粗的丝线来加大网的强度。

约莫四年前，在我屋子里的一个角落上，我观察到一个大蜘蛛正在织它的网；虽然，那个仆人举起她致命的扫帚瞄准这个小动物要毁灭它的劳动成果，但很幸运，我立即制止了这一厄运的发生。

三天以后，这个网就完成了；我不禁想到这个昆虫在新居生活，一定欢乐无比。它在周围往返地横行着，仔细检查丝网每一部分的承受力，然后，才隐藏在它的洞里，不时地出来探视动静。不料想它碰到的第一个敌手，竟是另外一个更大的蜘蛛。这个敌手没有自己的网，也可能已经耗尽了积蓄下来的汁液，因而现在不得不跑来侵犯它的邻居。

于是，一场可怕的遭遇战立刻由此展开。在这场拼搏中，那个侵略者似乎占了体大的上风，这个辛勤的蜘蛛被迫退避下去。我观察到那个胜利者利用一切战术，引诱它的对手从坚强的堡垒个爬出来。它伪装休战而去，不一会儿又转身回来，当它发现诈智竭以后，便毫不怜惜地毁坏了这个新网。这又引起另一次战斗，并且，同我的估计相反，这个辛勤的蜘蛛终于反败为胜成了征服者，杀死了它的对手。

在被侵略者占领时，它以极度的忍耐等了三天，又几度修补了蛛网破损的地方，却没有吃什么我能观察到的食物。但是，终于有一天，一只蓝色苍蝇飞落到它的陷阱里来，挣扎着想飞走。蜘蛛使苍蝇尽可能把自己肢粘起来，可是蜘蛛最终怎能缚住这只强有力的苍蝇呢？我必须承认，当我看见那只蜘蛛立即冲出，不到一分钟，就织成了包围它的俘虏的罗网，我真有点诧异。一会儿工夫，蝇的双翅就停止了扇动；当苍蝇完全困乏时，蜘蛛就上前将它擒住，拉入洞中。

根据这种情景，我发现，蜘蛛是在一种并不安全的状况中生活的，因而，大自然对这样的一种生活好像作了适当的安排；因为一只苍蝇就够维持它的生命达一周之久。有一次，我把一只黄蜂放进一个蛛网中，但当蜘蛛照常出门来捕食时，先是观察一下来的是个什么样的敌人，根据量力的原则，制伏不了的对手，它立刻主动上去解除紧紧束缚对手的丝线，以放走这样一个强大的敌手。当黄蜂得到自由后，我多么希望那个蜘蛛能抓紧修理一下网的被破坏的部分；可是，它似乎认定网已无法修补了，便毅然抛弃了那个网，又着手去织一个新网。

我很想看看一只蜘蛛单独靠自己的储备能够完成多少个丝网。因此，我破坏了它织就的一个又一个的网，那蜘蛛也织了一个又一个。当它的整个储存消耗殆尽，果然不能再织网了。它赖以维持生存的这种技艺（尽管它的生命已被耗尽！）确实令人惊异无比。我看见蜘蛛把它的腿像球一样旋动，静静地躺上几小时，一直小心翼翼地注视着外界的动静；当一只苍蝇碰巧爬得够近时，它就忽然冲出洞穴，攫住它的俘获物。

但是，它不久就厌倦了这种生活，并决心去侵占别的蜘蛛的领地，因为它已不能再织造自己的罗网了。于是，它奋起向邻近蛛网发动进攻，最初一般都会受到有力的反击，但是，一次败绩，并不能挫其锐气，它继续向其他蛛网进攻，有时长达三天之久，最后，消灭了守卫者，它便取主人而代之。

有时，小苍蝇落入它的陷阱时，这个蜘蛛并不急于出击，它只是耐心等待着，直到它有把握捕捉对方时，它才动手，因为，如果它立刻逼近苍蝇，将会引起这个苍蝇更大的惊惧，还可导致这个俘虏奋力逃走；所以，它学会了耐心等待，直到这个俘虏由于无效地挣扎而精疲力竭，就变成一个玩弄于股掌间的战利品。

我现在描述的这只蜘蛛已经活了三年；每年，它都要换皮甲，生长新腿。有时，我拔去了它的一只腿，两三天内，它又重新长出腿来。起先，它还惊惧于我挨近它的网，但是，后来，它变得和我如此亲密，甚至从我的手掌中抓去一只苍蝇，当我触到它的丝网的任何部位时，它就会马上出洞，准备防卫和向我进攻。

为了描绘得完善一点，我还要告诉诸位，雄蜘蛛比雌蜘蛛细小得多。当雌蜘蛛产卵时，它们就得把网在蛋下铺开一部分，仔细地把蛋卷起，宛如我们在布上卷起什么东西一样，于是，它们就可以在它们洞里孵育小蜘蛛了。遇到侵扰，它们在没有把一窝小蜘蛛安全转移到别的地方去以前，是绝不考虑自己逃遁的，正由于这样，它们往往会因父母之爱而死于非命。

这些小蜘蛛一旦离开父母为它们营造的隐蔽所后，就开始学习自己织网，几乎可以看到它们日夜长大。如果碰上好运气，就可捉到一只苍蝇来饱餐一顿。但是，它们也有一连三四天得不到半点食物的时候，碰上这样的情况，它们也能够继续长得又大又快。

然而，当它们老了以后，体积就不会继续增加。只是腿长得更长一点。当一只蜘蛛随着年龄的增长而变得僵硬时，它就不可能捕捉到俘获物，然后就将死于饥饿。

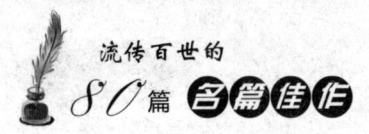

致尼古拉上校书

〔美国〕乔治·华盛顿

乔治·华盛顿（1732—1799），美国将军、政治家、首任总统。1781年，他率领革命将士大败英军，迫使英军首领康华理投降。华盛顿也因此在美国声威大震。1782年，美军中有一个叫尼古拉的上校上书总司令华盛顿，提议说：革命成功后，十三个殖民地"如采用共和政制，绝不能立国"，他主张"成立君主国，并以华盛顿为元首"。华盛顿在纽约司令部接信后，立刻把秘书叫来，口授了这封复信。1789年华盛顿当选为总统，1792年再度当选。任期届满后拒绝连任，回到家乡，1799年因病逝世。

先生：

我仔细阅读了你呈送给我的意见书，既大出意外，又极为震惊。——据称军队里存在着你所表达的那种主张，先生可以确信，这场战争开始以来，还从未发生过比获知这一信息更使我痛心疾首的事，我不得不对它表示憎恶，并加以严厉的谴责——我暂将你们这种主张秘而不宣，除非有人对此事再加鼓噪，迫使我不得不予以揭露。

我简直无法设想，自己的所作所为有哪些地方会鼓励你呈上这样一分意见书，在我看来，它孕育着可能降临我国的最大灾祸。只要我还有自知之明，你就决不会找到一个比我更厌恶你的计划的人。同时，为使我的感情不致被人误解，我必须补充说：我比任何人更诚挚地希望军队能充分地得到公正的待遇，只要我的由宪法规定的权限和影响能够达到，我将在必要时竭尽全力使我军官兵继续供职。如果你——为自身或子孙后代计——尚能以国家为重或仍然尊敬我，那么，我恳求你把这种想法从头脑中清除出去，无论你本人或其他任何人，今后永远不要再散布类似性质的意见。

此致
敬礼！

你的最恭顺的仆人
乔治·华盛顿

自然的魅力

〔德国〕歌　德

　　她环绕着我们，把我们拥抱在她的怀里：我们既离不开她，又无力更接近她。尽管我们并未请求她，也未命令她，她却带着我们不停地跳舞而且舞步如飞，直到把我们弄得精疲力竭，倒在她的怀里为止。

　　她无穷无尽地创造着种种新的形式，其中有：先前从未有过而现在才有的；过去有过而今没有的；一切都是新的，然而又永远都是旧的。

　　我们生活在自然之中，可对她又一无所知。她倒不停地跟我们讲话，然而却不泄露她的半点秘密。我们不断地对她施加影响，但就是无法勉其所难。

　　创造个性好像是她唯一的目的，可是他对个人又毫不爱惜。她不断地建设，又不断地破坏，她的工作场所是无法靠近的。

　　自然只是存在于她的儿女身上，但这位母亲究竟在哪里呢？她是举世无双的艺术家——她用最简单的材料造出了一个大千世界，真正是：无斧凿痕、美轮美奂、巧夺天工，且霓裳羽衣，袅袅轻装。她的每一件作品都体现出她自己的本质；她的每一个造型均独具一格，可是把她所有的造型合起来就一体天成。

　　她在上演一出戏，至于她自己是否也在观赏这出戏，我们无从知晓，不过她确实是在为近在咫尺的我们演这出戏。

　　运动和发展，是她身上永不枯竭的生命，可她总是万变

约翰·沃尔夫冈·冯·歌德（1749—1832），出生于美因河畔法兰克福，作为诗人、自然科学家、文艺理论家和政治人物，歌德是魏玛的古典主义最著名的代表；而作为诗歌、戏剧和散文作品的创作者，他是最伟大的德国作家之一，也是世界文学领域的一个出类拔萃的光辉人物。

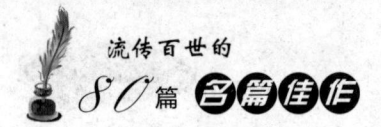
不离其宗。她变化不息，无时无刻不在变化之中。她不识何谓休息，停滞不前，从逃不过她的诅咒。她的意志坚如铁石，她的行事悉遵章法，不逾矩，不违例，她的规律不可变更。

她有思想，她不断地思考，她不是像人那样思考，而是作为自然在思考。整个宇宙的意义她只让自己知道，谁也无从知晓。

所有的人都在她之中，而她又在所有的人之中。她跟所有的人都友好地嬉戏，谁要是赢了她，她就更加无比高兴。然而竟无人知晓她跟人们在一块嬉戏，直到游戏结束，人们还不曾意识到有这样的事。

连最不近情理的事那也是自然，连最不堪入目的俗物也有自然的一分才赋。谁若是不能随时随地发现她，那就根本发现不了她。

她爱她自己，她心里只有她自己。她把自己化整为零，为的是使自己自得其乐。她总是使她创造出来的新的事物都在她的身上找到乐趣，而且毫不吝啬地把自己贡献出来。

她喜欢幻想。若有人把他自己或者别人的幻想毁灭了，她就会像最残酷的暴君那样给予惩罚。倘有人至诚地向她学习，她会把他视作亲生骨肉紧紧搂在胸前。

她的儿女不可胜数，对所有的儿女，她从不吝啬；不过，她有她喜爱的宠儿，对于宠儿，她大施恩惠，而且为了宠儿，她不惜种种牺牲。对于杰出的人物，她还举起盾牌来保护。

她的创造物都是从空无之中涌现出来，她既不告诉他们来自何处，也不让他们知道去往何方。他们只是走他们的路，而她却知道他们所走的路。

她行动的源泉固然寥寥可数，但是从来不曾枯竭。这些源泉总是川流不息，总是五光十色。

她演出的戏目总是新的，因为她经常带来新的观众。生命是她最好的发明，而死亡则是她使生命繁衍不息的妙策。

她把人笼罩在黑暗之中，可又总是促使他去追求光明。她使人依附于土地，所以人累赘迟缓，可她又偏要人行动利索。

她创造出需要，因为他热衷于活动。她如此轻易就得到了一切，真是不可思议！每一种需要都有它的益处。需要立即得到满足，又立即产生出新的需要。即使她给予的满足多到有可能成为欲望的新的源泉，她也很快就会恢复收支

平衡。

每时每刻她都在作最遥远的旅行，而每时每刻她都到达了目的地。

她以肉眼看不见的演出来自娱，然而对于我们，她的演出都是极为重要的。

她使每一个儿童都来研究她，每个傻瓜都来判断她，可是成千的人从她身边走过，却什么也没有发现；而她却从所有这些人身上得到乐趣，发现她的益处。

人即使是在抗拒她的规律的时候，也是在服从她的规律；人既反对她，又离不开她。

她的每一种赐予都是好事，因为首先她赐予的都是不可或缺的。她姗姗而来，害得我们望眼欲穿；她匆匆而去，为的是使我们不致对她感到厌倦。

她没有语言也没有文字，但是她创造出了能够感受和说话的舌头和心灵。

她的最高荣誉是爱。我们也只有通过爱才能同她接近。地位所有的事物各个有别，但所有这些事物却极力要融合在一起。她使每一事物互不雷同，其实正是要使它们融合成一体。她就用她那爱之杯里的玉液琼浆来补偿生活中的不胜烦恼。

她本身就是一切。她酬赏她自己又惩罚她自己；她从地自己身上得到喜悦，但又感到苦恼。她既粗鲁又温柔，既仁爱又凶恶，既软弱又力大无穷。每个事物都永远是她的化身。她不知道什么叫过去或将来。她的永恒是现在。她仁慈为怀。我赞美她的一切创造。她又聪慧而又寡言。任何人都不能强迫她来解释她自己，或者恫吓她要她献出她不愿献出的礼物。她诡计多端，但都是出于善意，所以最好是不要在意她的狡猾。

她本身就完美无缺，可是她还在追求那永无止境的完美。她现在是这样，而且永远都是这样。

人人看来，她都是借他们各人为形式来显露她自己的。她把她自己隐藏在千百种名字和称号之中，但她的本色却永远不变。

她把我置于这个世界，又要把我领出这个世界。我把自己寄托给她。她可以凭她的意愿来对待我。她不会厌恶她自己的作品。我并没有讲她什么。没有什么是真，什么是假，都由她自己来讲。每一事物都是她的过失，也是她的功劳。

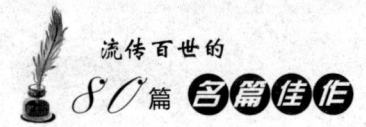

金字塔感言

〔法国〕夏多布里昂

夏多布里昂（1768—1848），法国作家。生于布列塔尼省一个没落的封建贵族家庭。他在政治上抱怀疑主义态度，曾拥护拿破仑，后又参加反拿破仑的集团。1801年发表第一部小说《阿拉达》，次年又发表第二部小说《勒内》，产生较大影响。其作品有散文史诗《纳切兹人》自传《墓畔回忆录》等。他是法国浪漫主义文学的重要代表之一。1811年当选为法兰西学院院士。

　　我们的船，取道麦努夫运河，这样一来，西边大支流上华茂的棕榈林，就无由见到了。该支流通向利比亚沙漠，西岸一带正遭阿拉伯人扰攘云耳。出麦努夫运河，继续溯流而上，朝左能看到穆格托姆山峰，右面尽是利比亚境内高大的沙丘。不一时，便在山丘的空隙处，依稀得见金字塔尖：实则尚隔80余里。这段航程，几乎走了八小时，我一直站在船首遥望金字塔群。渐次临近，陵墓也越发见出规模庞大，愈加显得高耸入云。宽展如同洋面的尼罗河；绿芜与黄沙相为辉映；棕榈树，无花果树，圆穹顶，开罗的清真寺与宣礼塔，远处塞高拉村的梯形金字塔，滔滔河水，源源而来。凡此种种，构成一幅无与伦比的画面。"世人不管多努力，"鲍舒哀说，"万事到头终归空。蔚为壮观的金字塔，竟是一无用处的坟墩头！且不说造金字塔的法老，未必有权葬进去，享用其寝殿。"

　　然而，我得承认，瞥眼看到金字塔之际，心头陡兴一股赞佩之情。出自人类之手的最伟大的建筑物，却是一座坟！哲人思虑及此，不免浩叹一声，或揶揄一笑，这我知道。但是，为何把齐阿普斯金字塔仅仅看成是一堆巨石加一副枯骨？造这样一座坟，不是有感于生死无常，而是出于求不死永生的本能：陵墓如界石，不是宣告有涯之生的终结，而是标志无穷命运的肇始，犹乎建于永恒疆域上的一座通往不朽之门。狄奥多罗斯曾说："埃及人把人生一世看作须臾一瞬，无甚紧要；相反，对身后令人怀念的功德，却极为关注。所以，

他们把生者的宅第以作过客的逆旅，而把进焉不复出的坟墓，称为永久的归宿。故此，埃及古王对起造宫殿，神情淡漠，却殚精竭虑于营建坟茔。"

  凡是建筑，今人都求其有一种实在的用处，殊不知对普通百姓而言，精神作用的品格更高。古之当权者，正着眼于此。参谒陵墓，难道不能有以教人？一代帝王愿借此把教喻垂之久远，何用埋怨？！宏伟的建筑，足以使整个人类社会引以为荣。有些殿堂，把对一个民族的缅怀延续得比其存在本身还长，与在废弃的荒地上繁衍生息的后人成为共时同代；除非不介意于一族一姓之是否彪炳史册，否则，就不要去腹诽心谤。至于其形式，是古罗马剧场，还是埃及金字塔，出入不大。对一个不复存在的民族，遗存的一切俱是坟墓。一代伟人去世之后，他生前的府邸，比死后的坟墓更其虚空：陵墓至少有用于其骸骨，而巍巍宫室，焉能保存其昔日的欢情于万一？

  极而言之，小小一方墓穴，不论对谁，亦已足矣。如马锡安·莫雷所说，六尺之土，于世界上最伟大的人物，也绰绰乎有余。在树荫下，与在圣彼得大堂的穹顶下，同样是赞颂上帝；住在茅草棚，与身居罗浮宫，也一样过日子；这种论调的偏颇之处，是把一类事混同于另一类事。再者，一个根本不知艺术为何物的民族，比之于留下辉煌的天才痕迹的民族，未必活得更为欢快。早先说牧人生活得无忧无虑，在林间优哉游哉，世人现已不信。因为知道，朴质如牧民，为杀食邻人的羊，会不惜大动干戈。他们栖身之处，墙上既不会攀满悦目的蔓藤，洞里也不会飘浮芬芳的花香；而往往浓烟呛人，给发酵的奶酸气憋得透不过气来。从诗或哲学的角度看，一个弱小种族，尤其还处于半开化状态时，似更能体味各种生趣；但无情的历史，却使他们吃尽别人的苦头，有些人之所以声嘶力竭反对名声，不正是对名声有点爱慕？在我认为，决不会把建造一座偌大金字塔的国王看作神经正常，相反，倒会视若一位胸怀宽广的君主。以筑造陵墓来战胜时间，让后人、习尚、律法，世世代代站在灵柩前为之心折。如此念头，不可能出诸凡庸的心灵。如果说，这是骄狂，那至少是一种好大喜功的骄狂。要说虚荣，建造像金字塔这种能存迹三四千年的虚荣，千载之下，自可算作一桩功业！

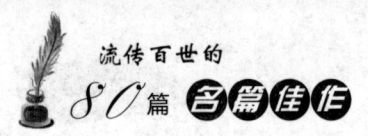

自 叙

〔美国〕华盛顿·欧文

华盛领·欧文（1783—1859），美国作家，有"美国文学之父"之称。其最著名的作品是散文小说集《见闻札记》，《自叙》即该书的首篇。

　　我喜欢游历与见识各地的奇风异俗。我的旅行从童年时候就开始。在本城范围以内的"穷乡僻壤"，我很小就去"考察"，因此我常常失踪，害得家长很着急，镇上的地保把我找回来了，常常因此受到奖赏。我这个小孩子长成大孩子，观察范围也日益扩大。每逢假日下午，我总到附近乡村去漫游。有些地方是历史名胜，有些地方是有神话传说的，我都亲加勘察，把它们摸熟了。什么地方发生过盗窃案或者凶杀案的，什么地方有过鬼魂出现的，我都知道。邻近各村我常去观光，我也总去上门求教当地有知识的老人，因此我的知识也大为增加。有一天——那是漫长的夏天——我爬上了很远很远地方的一个山头，纵目四望，一英里之内的地方我是大多不认识的，我想起我们这个地球是多么的大，心里不免吃惊。

　　岁月增添，游兴更盛。我最爱读的书是游记旅行之类，废寝忘食地读这种闲书，把学校里的正课练习都给耽误了。风和日暖之日，我到码头四周去游荡，看见船只一艘一艘地开向远方，不禁心向往之——船帆渐远渐小，岸上的我，以目远送，我的灵魂已经随着我的幻想到了地球的不知哪一个角落了。

　　以后续书更多，思想日开，我这种好玩的性情，自自然也渐渐地纳入理性的规范；但是本来只是空泛的憧憬，现在已经变成确定的心愿了。在自己本国，我也算游历了不少地

方；假如我只想欣赏自然风景，那么美美国风景之美，品类繁多，我已经目不暇接，无所他求了。美国有大湖，银波闪翻，浩瀚汪洋；有高山，空灵缥缈，上接苍穹；有草木横生鸟兽繁殖的山谷，有在荒山中澎湃直泻的大瀑布；有一望无际满目绿色的大平原；美国的大河，身阔水深，庄严、静静地流向海洋；美国的森林，古木参天，绵延千里，至今没有橡径可循；美国的天空，阳光普照，夏云过处，光彩奇丽；举几天地之美，不论是宏伟的，或是优美的，均尽萃于此，美国有景如斯，美国人实在用不着舍近就远，到外国去游山玩水的了。

但是欧洲也有它的美，欧洲的美较之美国的美更富于历史与诗意的联想。艺术巨著，高尚社会的文雅生活，各地古老相转的奇风异俗，这种种为欧洲所有，而美国所未必有者。美国固然朝气蓬勃，前途无穷，可是欧洲历史久远，历代累积下来的文物之盛，却为美国所不及。你到了欧洲，不必进博物院，就是普通的废墟，就可以激发你怀古的幽情：每一块腐蚀的石头，都好像是一本历史读物。有什么地方，如果是以纪念古代的丰功伟绩的，我最喜欢在它左右徘徊——那时候我觉得我是"踏在历史的痕迹上面"——我看见了一片瓦砾的古堡遗迹，就流连不舍，看见了摇摇将坠的古塔巨楼，就低首凭吊——总而言之，我那时候避开了现实的庸俗，置身于迷离恍惚的古代盛世，我也就忘了我自己了。

我除了游览之外，又喜欢拜会当代伟大人物。美国自然也有大人物，我们每一个城市都叫得出几个响当当的名字。我尽量找机会和他们来往，在他们的身影底下，我总觉得自己的渺小；因为小人物在大人物（尤其是城市里的大人物）的脚底下，总觉得自己抬不起头来的。可是我见识了本国大人物之余，更想认识欧洲的大人物；因为好几位哲学家都这么说过：任何动物到了美洲都要退化，人也不会例外。因此我想：咱们赫德逊河流域的土丘既然比不上人家阿尔卑斯山的高峰，咱们的大人物比起欧洲的伟人来，至少也得矮一个头；我这个见地也不无理由，只要看看人家英国人到鄙邦来的游客就可明白的了；那些英国人在他们本国，据我听说，也不过是凡庸之辈，可是一到美国，就趾高气扬，不可一世了。我既然也作为一个身居美国的退化之人，自然极想观光上国，见识见识尚未退化的人类的真面目了。

我的"游历欲"居然常常能够实现，这不知道是我的好运气还是坏运气了。我游历过好几个国家，人生的变迁也见识了不少。我不敢说我有哲学家的眼光；我至少像一个普通爱好艺术的人，走过一家一家图画店的时候，不得不驻足浏

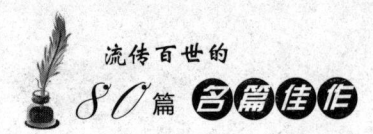

览一下，有些画是画得真美，有些画却是奇形怪状的诙谐画，可是它们能吸引我的注意则别无二致；至于可爱的山水画，那是我更要击节称赞的了。近代人旅行，都喜欢一手执铅笔，一手拿画册；速写留影，我因此也喜欢乱涂几笔，作为诸位亲朋好友茶余饭后谈笑之助。可是我把这些杂记随笔重读一遍，心中不免起一种惶恐之感，因为通常出门旅行回来写书的人，总要讨论几项大题目，可是我信手写来，偏偏把大题目都给遗漏了。我像是个不幸的风景画家，也算到欧洲大陆去旅行写生过，可是他心有偏好，专找冷僻角落去作画；他的画集里因此也满是些普通山水以及荒材茅屋穷乡古墟之类，至于圣彼得大教堂或者罗马圆剧场，透尔尼的大瀑布或者那不勒斯的海湾他根本没有收集在内，他整本画册里，你找不到一幅冰川或是火山的伟观。读者诸君假如感到失望，作者只好在这里告罪了。

论文学的复兴

〔英国〕雪　莱

公元 15 世纪，一个崭新的、非凡的事件唤醒了沉睡的欧洲，为它今日之兴盛铺平了道路。13 世纪的但丁、14 世纪的彼特拉克的作品曾如明亮的星体，为暗夜中艰辛地攀登名誉之山的旅人带来了文学知识的曙光。然而，当攻下君士坦丁堡时，又一束新的、骤然而至的光出现了，它将无知的阴云卷至千里之外；博学的僧侣们潮水般地涌入欧洲，从毁灭之境中，他们带来了大量学术价值极高的手稿。土耳其人定居于君士坦丁堡，然而除了希腊人的一些恶习之外，他们一无所获。对于少量残存的古希腊的知识财富，他们仍然不闻不问。这些古代知识，虽然由于异教哲学和基督教哲学的荒谬混合而今非昔比，但在回归欧洲后，却被证实为星星之火，渐渐地然而又是成功地把知识之光洒满世界。

意大利、法国和英国（德国的文明仍然比周围邻国落后许多世纪）一时挤满了僧侣，修道院鳞次栉比。形形色色的迷信，无论尘世的或天上的，至此已成为把人束缚在地面的沉重的坠物。它们使人的天才无法振翅翱翔于他的天然领空。人的意识的潜力与作用是异乎寻常的，而造化的产物是物质化的，可以触摸感受得到的。我们多多少少能够洞察其性质。在许多情形下，我们还可以有把握地预知其效果。然而。人的意识似乎以无形的、非物质的手段统辖世界。它的诞生不为人知，它的行动与影响不为人察，而它的存在又似乎是永恒的。对于既充满哲理又富于人性的心智来说，没有比对迷

雪莱（1792—1822），英国诗人。1810 年入牛津大学学习，因发表哲学论文《无神论的必要性》而被学校除名。他最早的揭露剥削制度不合理的长诗《仙后麦布》作于 1813 年。旅居意大利期间完成了四幕诗剧《解放了的普罗米修斯》，诗中塑造了与压迫进行斗争的普罗米修斯的新形象。其他诗作有《西风颂》《云雀颂》《伊斯兰的反叛》《致英国人之歌》《1819 年的英格兰》，诗剧《钦契一家》等。

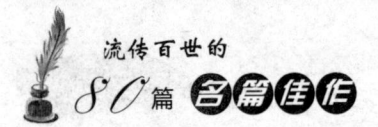

信如何阻碍了智力进步，从而阻碍了人类幸福的沉思这一主题更可悲哀的了。

僧侣们在修道院中忙于琐碎细微、荒唐可笑的争论。他们以宣讲其宗教的教条为满足，而且迫不及待地冲进学院与会堂，在那里，带着一种与他们装模作样的神圣不相吻合的刻薄和狭隘展开辩论。这种局面乃是以发明残酷而自豪的偏执顽固所酿就的最不自然的局面。他们的恶行作为极少数目空一切、自私自利的主教之意旨与谋略的产物，是事出有因的。这些主教之所以这样做，是为了使自己过得逍遥自在。

各学派之间的争执纯属学究式的。它是词语的探究，与道德伦理风马牛不相及。道德——人类的伟大手段与目的，如僧侣们所云，已被包容在某一本书的几百页中。人们对这几百页一直争论不休，其实，这不过是他们对殉道者们临终遗言的断章取义，他们把这些话收集起来用以对整个世界施加影响。在经院哲学的字斟句酌中，世界面临着丧失它仅存的些微真正智慧的危险。经院哲学争论中唯一有价值的部分，在于它有助于发展亚里士多德学派哲学家的体系。古人中最睿智、最艰深的柏拉图，最富于人性、温柔敦厚的伊壁鸠鲁则全然被他们置于脑后。柏拉图妨碍了他们关于天国事物思考的奇异模式，伊壁鸠鲁则由于坚持人类的快乐与幸福的权利，而成为他们灰暗惨淡的道德准则的富有诱惑力的对照。据称，这些"圣人"在他们较为轻松的时刻，也从对伊壁鸠鲁的违禁的膜拜中寻求安慰，然而他们却以极少数人的纵权亵渎了伊氏坚持众生权利的哲学。由此可见，有些自然法则是恒定不变、始终如一的，而人们却对它们置若罔闻，从而得以尽享在迷宫中跋涉、重新寻找这些法规的乐趣。

快乐，原本率真无邪，却被某种奇异的思辨方式称做恶。然而人类（如此紧密地与必然之链锁相扣——如此无法抗拒地被迫去完成自身存在的使命）不论付出何种代价，还会不懈地追求快乐。于是，人成为伪君子，甘愿冒天下之大不韪去承担一切苦痛。

希腊文学——人间所产生的最优美的文学——最终得到了回复。从幸免于岁月的剥蚀、哥特族的蹂躏以及更为野蛮的土耳其人的劫掠所存的原稿中，我们获得了希腊文学的体裁与表现方式。亚历山大的图书馆之被焚是一桩重大的罪恶，据称它藏有卷帙浩繁的古希腊作家的沙里淘金之作。

论 爱

〔英国〕雪 莱

什么是爱？要回答这个问题，让我们先问那些活着的人，什么是生活？问那些虔诚的教徒，什么是上帝？

我不知其他人的内心结构，也不知你们——我正与之讲话的你们的内心；我看到在有些外在属性上，别人同我相像；或于这种形似，当我诉诸某些应当共通的情感并向他们吐露灵魂深处的心声时，我发现我的话语遭到了误解，仿佛它是一个遥远而野蛮的国度的语言。人们给我体验的机会越多，我们之间的距离越远，理解与同情也就愈离我而去。带着无法承受这种现实的情绪，在温柔的战栗和虚弱中，我在海角天涯寻觅知音，而得到的却只是憎恨与失望。

你垂询什么是爱吗？当我们在自身思想的幽谷中发现一片虚空，从而在天地万物中呼唤、寻求与身内之物的通感对应之时，受到我们所感、所惧、所企望的事物的那种情不自禁的、强有力的吸引，这就是爱。

倘使我们推理，我们总希望能够被人理解；倘使我们遐想，我们总希望自己头脑中逍遥自在的孩童会在别人的头脑里获得新生；倘若我们感受，那么，我们祈求他人的神经能和我们一起共振，他人的目光和我们交融，他人的眼睛和我们的一样炯炯有神；我们祈愿漠然麻木的冰唇不要对另一颗火热的心讥诮嘲讽。这就是爱，我们降临世间，我们的内心深处存在着某种东西，自有自我存在的那一刻起，就渴求着与它相似的东西。这种与生俱来的倾向随着天性的发展而发展。在思维能力的本性中，我们隐隐约约地看到的仿佛是完整自我的一个缩影，它丧失了我们所蔑视、嫌厌的成分，而成为尽善尽美的人性的理想典范。它不仅是一帧外在肖像，更是构成我们天性的最精细微小的粒子组合。它是一面只映射出纯洁和明亮形态的镜子；它是在其灵魂固有的乐园外勾画出一个为痛苦、悲哀和邪恶所无法逾越的圆圈的灵魂。这一精魂同样渴求与之相

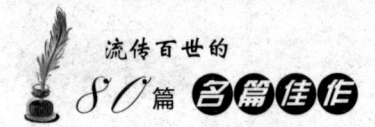

像或对应的知觉相关联。

当我们在大千世界中寻觅到了灵魂的对应物，在天地万物中发现了可以无误地评估我们自身的知音（它能准确地、敏感地捕捉我们所珍惜并怀着喜悦悄悄展露的一切），那么，我们与对应物就好比两架精美的竖琴上的琴弦，在一个快乐的声音伴奏下发出音响，这音响与我们自身神经组织的震颤相共振。这——就是爱所要达到的无形的、不可企及的目标。正是它，驱使人的力量去捕捉其淡淡的影子；没有它，为爱所驾驭的心灵就永远不会安宁，永远不会歇息……因此，在孤独中，或处在一群毫不理解我们的人群中（这时，我们仿佛遭到遗弃），我们会热爱花草、小草、河流以及天空。就在蓝天下，在春天树叶的颤动中，我们找到神秘的心灵的回应：无语的风中有一种雄辩；流淌的溪水和河边瑟瑟的苇叶声中，有一首歌谣。它们与我们灵魂之间神秘的感应，唤醒了我们心中的精灵去跳一场酣畅淋漓的狂喜之舞，并使神秘的温柔的泪盈满我们的眼睛，如爱国志士胜利的热情，又如心爱的人为你独自歌唱之音。因此，斯泰恩说，假如他身在沙漠，他会爱上柏树枝的。

爱的需求或力量一旦死去，人就成为一个活着的墓穴，苟延残喘的只是一副躯壳。

巴尔扎克之死

〔法国〕雨 果

1850 年 8 月 18 日，我的夫人去看望巴尔扎克夫人，她回来后对我说，巴尔扎克先生快死了。我急忙赶去看他。

巴尔扎克先生一年半以来一直患心脏肥大症。二月革命之后，他去了俄国，在那里结了婚。在他去俄国之前，我在大街上遇见他，他哼哼着，喘着粗气。1850 年 5 月，他回到法国。结婚后他有钱了，但身体异常虚弱。回到法国时，他的双腿已经浮肿，四位医生看了他的病，其中的路易医生 7 月 6 日对我说："他最多再活六个星期。他患的是和弗雷德里克·苏利埃一样的病。"

8 月 18 日，我的叔叔路易·雨果将军在我家吃晚饭。我匆匆吃罢，离开叔叔，乘出租马车赶往巴尔扎克先生住的博戎区福蒂内大街 14 号。这是博戎先生府邸中侥幸未被拆毁的几幢房子，房子不高，巴尔扎克把它买了下来，经过豪华的装修，使它成为一座迷人的私宅。宅子可以走马车的大门开向福蒂内大街，宅子没有花园，铺着石板的狭长的庭院点缀着几个花坛。

我按了门铃。月光被云彩遮住，街上静悄悄的。没有人来开门，我又按了一次铃。门开了，一名女仆人手持蜡烛出现在我面前。

"先生有事吗？"女仆问，她正在哭泣。

我通报姓名后被领进一楼的客厅。客厅壁炉对面的一个托架上，放着大卫雕刻的巴尔扎克硕大的半身像。客厅中央，

雨果（1802—1885 年），法国作家。从 1826 年起他的立场逐渐由保皇党转到资产阶级自由主义一边。1851 年他因参加反对拿破仑政变而受到迫害，被流放 19 年，直到 1870 年才返回法国。1862 年问世的长篇小说《悲惨世界》表达了作者的人道主义思想；小说《巴黎圣母院》里美与丑、善与恶的对比手法震人心魄；剧本《爱尔那尼》表达了法国七月革命前夕年青一代对复辟王朝的不满情绪，被称为划时代的作品。其他的作品还有：史诗《历代传说》，剧本《吕伊·布拉斯》《逍遥王》，小说《九三年》《海上劳工》等。

一张华贵的椭圆形桌子上点着一支蜡烛，摆着六个精美的金色小雕像。

这时，另一个女仆哭着走过来对我说：

"他快死了。夫人已经回去了，医生们从昨天起就不管他了。他左腿上的伤口已经坏死，医生们不知道该怎么办，他们说先生的水肿像猪肉皮似的，已经浸润，这是他们的说法。他们还说先生腿上的皮和肉像猪膘，已经不可能再做穿刺术。事情是这样的：上个月先生上床睡觉时碰在一个饰有人像的家具上，左腿上磕了一个口子，他身上的脓水都流了出来。医生们看后都惊叫起来，并开始给他做穿刺手术。他们说：'咱们顺其自然吧。'但先生腿上又出现了脓肿，是卢克斯先生给他做的手术。昨天，医生把器械取走了。先生的伤口没有化脓，但颜色发红、干巴巴的发烫。医生们说先生没有救了，都不再来看他。我们去找过四五个医生，但没有用，医生们都说他们已经无能为力。昨天晚上，先生的情况很糟，今天上午9点，他再也说不出话来了。夫人派人请来了神父，神父给先生施了临终涂油礼；先生示意他明白是怎么回事。一小时之后，他握住了他妹妹絮维尔夫人的手。从11点起，他不断地喘着粗气，两眼再也看不见东西。他不会活过今天晚上的。先生，如果您愿意，我去请絮维尔先生，他还没有睡。"

女仆离开了，我等了一会儿。烛光暗淡，微弱的光线照着客厅富丽堂皇的陈设，照着墙上挂的波比斯和霍勒拜因的几幅杰作。在昏暗的烛光中，那尊大理石半身雕像显得模模糊糊，恰似这个垂死之人的幽灵。房子里充满死尸散发的气味。

絮维尔先生走进客厅，他说的和女仆说的完全一样。我要求看看巴尔扎克先生。我们穿过一条走廊，登上一个铺着红地毯的楼梯，楼梯两旁堆满花瓶、雕像、画、上了釉的餐具橱等艺术品。在穿过另一条走廊后，我看见一扇门敞开着，听见一个人喘着粗气，给人以不祥的感觉。

我走进了巴尔扎克的房间。房间中央放着一张床，床是桃花心木做的，床头和床脚的横档及皮带构成一种悬挂器械，用以帮助病人活动。巴尔扎克先生躺在床上，头靠着一大堆枕头，枕头上还加上了从房间的长沙发上取下的红锦缎坐垫。他的脸斜向左，脸色青紫，胡子没有刮，灰白的头发剪得很短，两眼睁着，目光呆滞。我从侧面看着他，觉得他很像皇帝。

一个老妇人和一名男仆分别站在床的两侧。床头柜上和门旁的小衣柜上各点着一支蜡烛，床头柜上还摆着一只银瓶。男仆和老妇人面带恐惧，屏声静息

地听着临终之人喘着粗气。床头柜上的蜡烛把壁炉旁挂着的一幅画照得通亮，画上的年轻人红润的脸庞上泛着微笑。床上散发出一股令人无法忍受的气味。我撩起被子，握住了巴尔扎克的手。他的手上全是汗，我紧紧地握着，他却毫无反应。

一个月以前，我曾来到这个房间里看他。当时他很高兴，充满了希望。他笑指着身上浮肿的地方，相信自己的病会痊愈。

我们谈了很多，还争论了政治问题。他是正统派，他责怪我"蛊惑人心"。他对我说："你怎么能那么泰然自若地放弃法兰西贵族院议员的头衔呢？除了国王的称号之外，那可是最尊贵的头衔了！"

他还对我说："我买下了博戎先生的房子，房子不带花园，但有一个廊台，廊台楼梯上的门对着小教堂，我用钥匙开了门就可以去望弥撒。花园对我无所谓，我更看重这个廊台。"

那天我离开他时，他一直把我送到廊台的楼梯上。他走路很吃力，指给我看那扇门，还大声对他夫人说："别忘了让雨果好好看看我藏的那些画。"老妇人对我说："他活不到天亮了。"

我走下楼梯，满脑子都是他那张没有血色的面孔。穿过客厅时，我又看见了那尊静止不动的、表情沉着高傲的、隐隐约约焕发着容光的半身雕像，我想到了对比鲜明的死亡和不朽。

我回到家里。这是个星期天，好几个人正在家里等我，其中有土耳其代办勒扎贝、西班牙诗人纳瓦雷特和被流放的意大利伯爵阿里瓦贝纳。我对他们说："先生们，欧洲马上要失去了一位伟人。"

他在夜里去世了，终年51岁。

他于星期三被安葬。

他先是被安放在博戎教堂。他是从廊台楼梯的那扇门被抬出去的，对他来说，那门的钥匙比从前的包税人所有的漂亮的花园更珍贵。

他去世的当天，吉罗给他画了像。人们还想做他的面模，但没有成功，因为尸体腐烂得很快。他死后的第二天上午，到他家来的模塑工人发现他的鼻子塌陷，脸已经变形。人们把他放进一个包铅的橡木棺材里。

葬礼在鲁尔教堂举行。我站在他的棺材旁，回想起我的第二个女儿出生后行洗礼时也是在这个教堂，从那时起我再没有来过。在我的记忆之中，死亡和

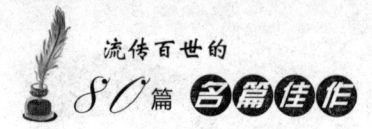

新生联系在一起。

内政部长巴罗士参加了葬礼。在教堂里的灵柩台前，他坐在我身旁，不时地和我交谈几句。

"他是个杰出人物。"他对我说。

"他是天才。"我对他说。

送葬的队伍穿过巴黎的街道，向拉雪兹神甫公墓行进。我们从教堂出发和抵达墓地时，天上都掉下几滴雨点。这是天公好像也在洒泪的一天。

我走在灵柩的右前方，握着柩底的一根银流苏，亚历山大仲马走在灵柩的左前方。

墓穴在山丘上，我们到达那里时，已经是人山人海。道路崎岖狭窄，上坡时，拉柩车的几匹马未能拉住车子，柩车往下滑，我被夹在车轮和一个墓穴中间，险些被轧死。站在墓上的人群抓住我的肩膀，把我拉了过去。

从教堂到墓地，我们徒步走完了全程。

棺材被放到墓穴里，与夏尔·诺迪埃和卡齐米尔·德拉维涅的墓穴为邻。神父做了最后的祈祷，我讲了几句话。

在我讲话时，太阳正在西下，远处的巴黎笼罩在落日辉煌的雾霭之中。几乎在我的脚下，墓穴里的土越堆越多，而我的讲话不断被落在棺材上的土块发出的沉闷声响打断。

美

〔美国〕爱默森

自然向人类提供一种更崇高的要求，即爱美之心。

自然形体给人的立体感觉是欣喜。对一个由于工作无聊或由于遇上坏人而身体或心灵疼挛的人来说，自然具有非凡的医治功能，可以恢复他们的身心健康。那些从城市的喧闹和纷繁的人际关系中走出来的商人、律师，当他们希到天空和树林时，就又重新变成人了。在自然永恒的宁静之中，他又找到了他自己。

但在另一些时刻，自然以美取悦人类，而不夹带任何世俗的好处。我曾在一天早上站在我房子后的山顶上，观察破晓到日出的景色，那种感受天使也愿意分享。只见几条狭长的云彩，像鱼儿遨游在绯红色的天海里。我站在那儿，宛如站在大海的岸边，眺望着平静的大洋。我似乎参与了自然瞬间万变的历程；它活泼的光芒照到了我的脚下，我在晨风中长大，和晨风携手合作。自然竟以那么一点廉价的元素就使我们神话了！只要给我健康和一天时间，我就能把帝王们的华贵贬得一钱不值。黎明就是我的通过王国，夕阳和日出是我的帕福斯，凡人想象不到的仙境。空旷的正午是我感觉和理解中的英格兰，而昼夜，别是我神秘哲学和梦中的德意志。

美的更高层次即精神因素，是感知美的关键。美是上帝刻在德行上的标志。每一次自然的行动都是十分优雅的。每一次勇敢的行为也同样是优美的，足以辉映现场和旁观者。自然展开他的双臂来拥抱人类，只是为了让人的思想变得同

爱默森（1803—1882），美国散文作家、诗人。主要作品有《论文集》《英国人的性格》《诗选》《日记》等，对美国文学影响很大。

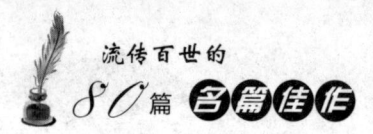
样的伟大。她心甘情愿地用玫瑰和紫罗兰撒在他的脚印上，不惜屈身以自己的庄严和优雅来修饰她亲密的孩子。有德行的人总是同自然的杰作连在一起，成为有形领域中的中心人物。

艺术品的制作给神秘的人性投下了一束亮光。艺术品是世界的抽象和概括。这是自然形成的结果和表现。美的标准是自然形体的完整的圆，即自然的总体。美，就其最大也是最深刻的意义而言，是宇宙的一种表现。上帝是万事万物的。真、善、美，是同样事物的不同面目。

※　林肯纪念堂——永恒的塑像及华盛顿市标志。已故总统林肯可能是最受尊敬的美国总统之一，人民不会忘记他对美国作出的贡献——解放奴隶和维护美国统一。也正是他从社会最低层看出奴隶制的丑恶，揭穿＂人人生来平等＂的虚伪面纱。虽然他被残酷暗杀，但他的精神将永存林肯纪念堂中。

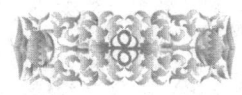

冬天之美

〔法国〕乔治·桑

乔治·桑(1804—1876),法国著名女性小说家,《安蒂亚娜》是她第一部单独署名的小说,揭开了她的"妇女问题"小说的创作序幕。1846年,乔治·桑发表了《魔沼》,这是她的田园小说的代表作,成为世界上独具风格的中篇杰作。

我从来热爱乡村的冬天。我无法理解富翁们的情趣,他们在一年当中最不适于举行舞会、讲究穿着和奢侈挥霍的季节,将巴黎当作狂欢的场所。大自然在冬天邀请我们到火炉边去享受天伦之乐,而又正是在乡村才能领略这个季节罕见的明朗的阳光,在我国的大都市里,臭气熏天和冻结的烂泥几乎永无干燥之日,看见就令人恶心,在乡下,一片阳光或者刮几小时风就使空气变得清新,使地面干爽。可怜的城市工人对此十分了解,他们滞留在这个垃圾场里,实在是由于无可奈何。我们的富翁们所过的人为的、悖谬的生活,违背大自然的安排,结果毫无生气。英国人比较明智,他们到乡下别墅里去过冬。

在巴黎,人们想象大自然有六个月毫无生机,可是小麦从秋天就开始发芽,而冬天惨淡的阳光——大家惯于这样描写它——是一年之中最灿烂、最辉煌的。当太阳拨开云雾,当它在严冬傍晚披上闪烁发光的紫红色长袍坠落时,人们几乎无法忍受它那令人炫目的光芒。即使在我们严寒却偏偏不恰当地称为温带的国家里,自然界万物永远不会除掉盛装和失去盎然的生机,广阔的麦田铺上了鲜艳的地毯,而天际低矮的太阳在上面投下了绿宝石的光辉。地面披上了美丽的苔萍。华丽的常春藤涂上了大理石般的鲜红和金色的斑纹。报春花、紫罗兰和孟加拉玫瑰躲在雪层下面微笑。由于地势的起伏,由于偶然的机缘,还有其他几种花儿躲过严寒幸存下

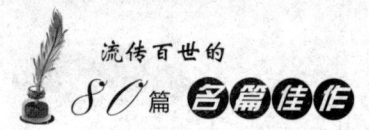

来，而随时使你感到意想不到的欢愉。虽然百灵鸟不见踪影，但有多少喧闹而美丽的鸟儿路过这儿，在河边栖息和休想：当地面的白雪像琅琛的钻石在阳光下闪闪发光，或者当挂在树梢的冰凌组成神奇的连拱和无法描绘的水晶的花彩时，有什么东西比白雪更加美丽呢？在乡村的浸漫长夜里，大家亲切地聚集一堂，甚至时间似乎也听从我们使唤。由于人们能够沉静下来思索，精神生活变得分常丰富。这样的夜晚，同家人因炉而坐，难道不是极大的乐事吗？

※　卢浮宫又译罗浮宫，是世界上最古老、最大、最著名的博物馆之一。位于法国巴黎市中心的塞纳河北岸（右岸），始建于 1204 年，它的整体建筑呈"U"形，分为新、老两部分，老的建于路易十四时期，新的建于拿破仑时代。宫前的金字塔形玻璃入口，是华人建筑大师贝聿铭设计的。同时，卢浮宫也是法国历史上最悠久的王宫。卢浮宫藏品中有被誉为世界三宝的《维纳斯》雕像、《蒙娜丽莎》油画和《胜利女神》石雕，更有大量希腊、罗马、埃及及东方的古董，还有法国、意大利的远古遗物。陈列面积 5.5 万平方米，藏品 2.5 万件。

《草叶集》序言

〔美国〕惠特曼

惠特曼（1819—1892），美国诗人。其创作对美国和欧洲诗歌的发展很有影响。最主要作品为《草叶集》。

别的国家在代表者身上表现它们自己，但是美利坚合众国的才能，最优秀的或最多的却不表现在它的行政或立法上，也不表现在它的大使、作家、学校、教堂或者会客室里，甚至也不表现在它的报纸或者发明家上——而一直最多地表现在普通人民身上。

在所有的国家中，美国由于血管里充满了诗的素材，所以最需要诗人，因此无疑地将会产生最伟大的诗人，并且十分重视他们。总统不应该是共同的公断人，诗人才是。在人类中，伟大的诗人总是保持均衡的人。放错位置的东西没有一件是好的，恰到好处的东西没有一件是坏的。对每一件事物或每一种品德，诗人总予以相称的比例，既不多亦不少。如果时代变得停滞而沉重，他知道如何使它振奋起来……他能使他说的每个字一针见血。尽管一切停滞在习俗、顺从或者法律的平面上，他却从不停滞。顺从不能控制他，他能控制顺从。因为他看得最远，他就最能得到信心。他的思想是赞美事物的颂歌。与他不在同一水平上的东西，什么灵魂、永恒和上帝，他闭口不谈。他眼里的永恒，不像是一出有首有尾的戏……他在男人与女人中看到永恒……信心是灵魂的防腐剂，它渗透了普通的人民，同时又保护了他们，他们永不放弃信仰、期望与信任。在不识字的人身上存在的那种无法描绘的新鲜活力和纯真，直使表现力最崇高的天才感到相形见绌。诗人清楚地看到：一个人，虽然不是伟大艺术家，

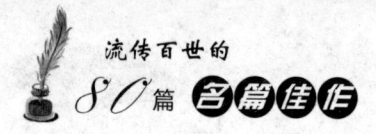

可以与伟大艺术家同样神圣和完美。

大地和海洋、走兽、鱼、鸟，天空和天体、森林、山川都不是小的主题——可是人们希望诗人表现的，不只是这些不能说话的实物所固有的优美和庄严——他们希望他揭示出沟通现实与他们的灵魂的道路。一般的男人和女人都很欣赏美——说不定和诗人一样能欣赏。打猎的人、伐木的人、早起的人、培栽花卉果园的人和种田的人所表现的热烈的意志，健康的女人对于男子形体、航海者、骑马者的喜爱，对光明和户外空气的热爱，这一切，历来都是多样地标志着无穷无尽的美感和户外劳动的人们所蕴藏的诗意。他们不可能由诗人帮助去感受美——有些人也许可以这样得到帮助，但是这些人绝不可能得到帮助。诗的实质不是可以用韵律、格式一致或者对事物的抽象的倾慕，也不是可以用哀诉或者好的训诫展列出来，诗的实质是以上这些以及更多的别的事物的生命，它是在灵魂里面的最好的诗篇、音乐、演说或者朗诵的流畅与文采，不是独立的，而是有所依附的。一切美来自美的血液和美的头脑，如果一个男人或一个女人具有种种伟大的结合，那也就够了——这一事实会永存于宇宙；但一百万年的插科打诨与装点涂饰却是徒劳无功。谁要是单单为文采或流畅所困惑，谁就终归失败。

这是你应该做的：爱大地、太阳和动物，藐视财富，救济每一个求你的人，替笨人和弱者说话，把你的收入和劳动献给旁人，憎恨暴君，不去争论关于上帝的事，对人们要有耐心和宽容，不屈从于已知的或未知的事物，也不要屈从于任何一个人或很多的人——与有力量而却未受教育的人，与年轻人，与孩子们的母亲自由交往。你对在学校里、教堂里或书中所知道的一切，都要重新检查，并摈弃一切侮辱你灵魂的东西；那么，你这个人将会是一首伟大的诗篇，不但在字句中，而且在口唇和面部的无声线条里，在你双眼的睫毛之间，在你身上每一个动作和关节之中，将会有最最丰富而又流畅的表现。

……过去、现在与将来，不是脱节的，而是相连的。最伟大的诗人根据过去和现在构成了将来的一致。他把死人从棺材里拖出来，叫他们重新站起来。他对过去说：起来，走在我前面，使我可以认识你。他学到了教训，他把自己放在这样一个场合，在那里将来变成现在。最伟大的诗人不只是在人物、环境和激情的描写上放出耀眼的光芒——他终于上升，并完成一切。

……

艺术的艺术，表达的光辉和文字的光彩，都在于质朴。没有什么比质朴更好的了——任何冗繁或含混都不是无法补救的。鼓起冲动的感情、钻入思想的深处和表达一切的主题，既不是平凡的能力，也不是很不平凡的能力。可是，在文学中，采用动物的十分正确而又漫不经心的运动和林间树木与路旁青草的纯正的感情，作为表达手段，是艺术十全十美的胜利。要是你发现谁已经做到这一点，那么你就发现了所有民族、所有时代的一位艺术大师。灰色的海鸥在海湾上的飞翔，或骏马的暴躁的动作，或向日葵高高地倒悬在它的茎上，或太阳经过天空的壮观，或后来月亮的露面，——你观察这一切而感到的高兴，也不会超过你从对这位艺术大师的观察上所感到的高兴。伟大的诗人的优点不在引人注目的文体，而在不增不减地表达思想与事物，自由地表达诗人自己。他对自己的艺术宣誓：我决不多费唇舌，我决不在我的写作中使典雅、效果或新奇成了隔开我和别人的帘幕。我决不容许任何障碍，哪怕是最华丽的帘幕。我想说什么，就照它的本来面目说出来。让人家去高兴、吃惊、着迷或者宽心吧，我却自有我的目的，正像健康、热度或白雪各有它的目的一样，我也不理会别人的批评。我应该凭我的气质来经受，来描写，而又不带有我气质的一点儿影子。我要使你站在我的身旁，和我一起照镜子。

……

伟大的诗篇对于每个男人和女人的使命是：你和我们平等相待，只有这样，你才能了解我们。我们并不比你优越些，我们所含有的，你也含有；我们所享受的，你也可以享受；难道你认为优越的人只能是一个吗？我们肯定地说：优越的人是无数的，这个优越的人与那个优越的人之不相抵触，正像两只眼睛的视力不相抵触一样。

……

在大师们的形成过程中，政治自由的思想是必不可少的。有男人和女人的地方，英雄总是追随着自由——但是诗人又比其他的人更追随和更欢迎自由。他们是自由的声音，自由的解释。他们在一切时代中当得起这一伟大的概念——它既被托付于他们，他们就必须支持它。没有比它更重要的东西，也没有什么能歪曲它，贬低它。伟大诗人的态度就是要使奴隶高兴，使暴君害怕……

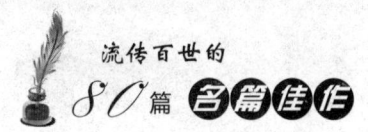

想象力

〔法国〕波德莱尔

波德莱尔(1821—1867),法国最伟大诗人之一,象征派诗歌先驱,现代派的奠基人,以诗集《恶之花》留名后世。

　　这种神秘的功能真称得上是臻美无上的功能!它与所有其他的功能都有关联;它鼓舞它们,使它们都动起来。有时它似乎跟它们很相像,简直跟它们混同一气,可是它终究还是它自己。想象力不能打动的人真不知倒了什么霉,这很容易看得出来,他们的作品总是干巴巴的,就像《福音书》里说的无花果树一样。

　　它是分析,也是综合;但某些人很会分析,又擅长总结,但却可能缺乏想象力。它是这个,但又不完全是这个。它是感觉,可是有些人非常敏感,也许过分敏感,然而却没有想象力。想象力给人以辨别色彩、轮廓、声音和香气的能力。在世界之初,是它创造出类比和隐喻,是它分解万物,然后再组合,收集材料,并根据其规律(人们只有在心灵深处觅得其来源)进行安排,是它创造出一个新的世界,建立起新事物的感觉。既然是它创造了世界(我想完全可以这样说,甚至从宗教的角度来说),世界当然由它支配。对于一个没有想象力的军人,我们要说什么呢?他可以成为一名优秀的士兵,但是倘若让他统率三军,他决不能克敌制胜。这种情况要是拿诗人或小说家来比,就等于说不用想象力去统率各种功能,而用语言能力或对事物的观察力取而代之。对于一个没有想象力的外交家,我们还要说什么呢?他可能对过去的条约和同盟的历史非常熟悉,可是对于未来的条约和同盟的缔结却推测不出来。如果一个学者缺少想象力呢?那么对

 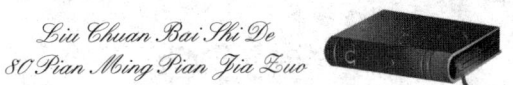

于一切普经教过的、可以学习的东西，他已懂得，可是他将无法探寻到还没有发现的那些规律。想象力是最美好的"真"，而可能性只是"真"的一个部分。想象力永远与"无限"结缘。

如果没有它，所有的功能，不管如何牢靠，如何敏锐，有也等于没有，而某些次要功能的缺陷，如果得到强大的想象力的推动，那么缺陷就会减少。任何功能都不能没有它，它能弥补某些缺陷。这些功能所寻求的东西，常常要通过应用许多不适合事物性质的方法，经过连续的试验才能找到，而想象力却能豪迈地、简捷地猜想出来。想象力在道德中也起着一种强有力的作用，让我且谈谈这一方面吧。没有想象力，美德是什么呢？这等于说没有仁慈的美德，没有上苍的美德。某种僵硬、残酷、干巴巴的东西，在一些国家中变成了过度的虔诚，而在另一些国家中就变成了新教。

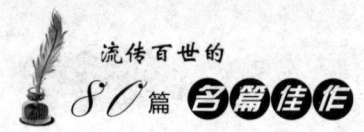

螳螂猎食

〔法国〕法布尔

法布尔（1823—1915），法国昆虫学家。以研究昆虫解剖学而著名。著有十卷本《昆虫记》和《自然科学编年史》。

这里要说的，又是一种南方昆虫。这虫类和蝉一样有趣；但它的名气小多了，都是它默不作声的缘故。如果老天赐给它一副铙，使之具备能博得人们欢心的首要条件，那么再加上自己奇特的形体和习俗，它一定会使那著名歌唱家的声誉黯然失色。我们这地方的人，把它叫做"祷上帝"。它的学名，采用的是"修女袍"。

这里，科学的用语和农民的天真词语是相吻合的，一个是把这古怪的造物视为沉湎于神秘信仰的苦行修女，一个是把它看成传达所悟神谕的女占卜士。人们很久以前就开始进行比较了。古希腊人已经称这种昆虫为"占卜士"，或者"先知"。庄稼人其实颇懂得类比，他是在掌握大量外观资料的基础上，进行想象丰富的充实性发挥。他在烈日灼烤的草地上，看到一只仪表堂堂的昆虫正庄重地抬起前半身。他注意到，虫子身上那副宽大的绿色薄翅，就像拖拉到地面的长长的亚麻布披袍；他发现，那双可以称之为胳膊的前爪正举向天空，活脱脱一副祈祷的姿势。这就足够了；剩下的由人们的想象力去完成；于是从古代起，就有了在荆棘丛里居住的演示神谕的女占卜士和祈祷上帝的修女。

啊，充满孩童稚气的可爱的人们，你们犯的是何等的错误哟！这静默祈祷的神情举止，掩盖着残忍的习俗；这擎举乞求的一双胳膊，其实是用于劫持的可怕家什，它们不拨念珠，却要结果身旁过往行人的性命。人们恐怕怎么也猜想不

到，这虫类竟是直翅目食草昆虫系列的一个例外虫种：它只以捕捉活食为生，它是威胁昆虫界和平居民的老虎，它是吃人巨妖。它埋伏在那里，只等鲜美的肉食送上前来，便把它捉住吃掉。它的力气本来就够大了；这强劲再加上嗜肉的胃口和效力惊人的捕猎器，可想而知，将足以变成威慑乡野的一种恐怖。所谓"祷上帝"之虫，看来非成为穷凶极恶的刽子手不可。

如果撇开那致命的捕猎家什不论，螳螂实在没有什么让人害怕的地方，甚至还不乏优美呢。你看，那苗条的身腰，那俏丽的短上衣，那一身的淡绿，还有那长长的纱罗翅膀。它没有张开来像剪刀的凶狠大颚，相反，长着的是一副又细又尖的小嘴儿，看上去就像啄食用的。脖颈从胸廓中拔立而出，可以弯曲扭动；因此脑袋能够灵活转动，既可左旋右转，又可前探后仰。昆虫当中，唯有螳螂能调动视线；它会察看，会打量。它那副嘴脸简直能作出表情来。

安详的整体外观，却配上了素有"劫持爪"之称的前肢凶器，二者形成强烈的对比反差。髋部非同寻常地长而有力，是用来抛甩狼夹子的。这副狼夹子，不是坐等送死鬼踩踏上来，而是主动伸出去抓捕。捕猎器经稍稍装饰，显得十分漂亮。髋部根基的内侧，装饰着一个美丽的黑色圆点，圆点中心有白色眼斑，圆点周围有微粒珍珠作陪饰。

大腿较长，呈扁梭状，其前半段下侧生着两行锋利的齿刺。靠内侧的一行，长短相间地排列着十二个齿，其中长齿为黑色，短齿为绿色。长短相间的排列方式，增加了铰合点，对发挥武器的效力有利。靠外侧的一行齿刺，结构简单，只有四个齿。两行齿刺后面，还支着三个最长的齿刺。简而言之，大腿是带两行平行齿的锯条，两行齿之间形成一道槽沟。大腿往前，是回折式小腿，可以折合进大腿的槽沟。

小腿生在与大腿相连的关节上，非常灵活。它也是带两行齿的锯条，锯齿比大腿的小，但是比大腿的多，排列得更紧凑。小腿终端是一个粗实的钩子，其锐利能够与上好的钢针相匹敌。钩体下侧有一道细槽，细槽两侧各有一条利刃，犹如一对弯刀，又像一对截枝刀。

这钩器是性能极佳的戳刺割划工具，我一想到它，就隐约产生一种刺痛感。捉螳螂时，不知被刚抓在手里的坏家伙钩划过多少回。双手腾不出来，只能求别人帮助，好不容易才从态度强硬的被俘者爪下摆脱出来！谁不拔出扎进皮肉的钩子就强行挣脱，他准要像挨了玫瑰刺钩划一样，弄得双手伤痕累累。没有

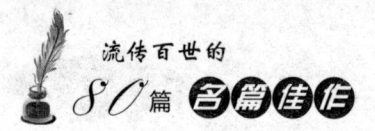

比螳螂更难摆布的昆虫了。这家伙用截枝刀尖割划你，用针尖扎你，用老虎钳夹你。你简直没法对它实施有效防御，因为你一心想的是要抓得住而抓不死，所以手指不敢使劲；如果一使劲，战斗就会随着螳螂被捏烂而立即宣告结束。

螳螂休息的时候，把捕猎器收折回来，举在胸前，作出一副不伤人的模样。我们此时此刻看到的，就是所谓的"祷上帝"。一只猎物走过这里，霎时间，祈祷的姿势消失了。三段构件组成的捕猎器突然伸出，将前端的钩子送到远处。只见那钩子一钩，一收，捕获物便夹在了两段锯条之间。接着做一个大小臂那样的合拢动作，老虎钳吃上了劲；大功告成。蝗虫也好，螽斯也罢，纵使是其他劲头更大的小动物，一旦被那四排尖齿铰住，便只能束手就擒。无论它绝望地颤抖还是拼命地蹬踹，那令人毛骨悚然的兵器都不会松开。

在虫类不受约束的野外，无法对昆虫习俗进行连续不断的研究，我们必须采取家养的办法。此事做起来一点儿不难：螳螂不在乎自己是否被软禁在钟形笼里，只要食物喂得好就行。我们把最可口的食物给它吃，而且每天都换换食谱花样；这样做上一段时间，它对荆棘丛的苦恋就逐渐淡薄下来了。我给我的俘虏们准备了十只笼子，都是金属网制作的宽敞的钟形笼，和饭桌上防止苍蝇接触食品的纱罩差不多。笼子坐落在盛满沙土的瓦罐上。笼子里放上一束百里香，一块石片，这就是为居室配备的全套家具。石片将来可以为产卵服务。这一幢幢小别墅，排列在虫子实验室的大台桌上，白天大部分时间，太阳都光顾那里。俘虏被安顿在笼子里，有些是单独囚禁，有些是成组囚禁。

8月的后半月，我才开始在道旁路边发黄的草丛里和荆棘丛里，见到螳螂的成虫。在户外，肚子滚圆的雌螳螂一天比一天多起来。可是它们的又瘦又小的异性伙伴却日渐稀少，害得我有时要为补齐笼内雌性的配偶而大伤脑筋。之所以还要补齐配偶，是因为笼子里经常发生雄矮子被吃的悲剧。那惨痛的一幕等会儿再说，现在还是谈雌螳螂。

雌螳螂吃得特别多，喂养期又长达数月，所以，供养它们不是那么容易的。我差不多每天都投放新食，但其中一大部分，都只被它们轻蔑地尝上几口，然后就浪费掉了。我敢断言，在荆棘丛生的故里，螳螂一定比较注意节约，因为野味并不充裕，它要最大限度地利用捕捉到手的食物。可是在笼子里，它却这样挥霍无度。一份好端端的食物，经常是咬几口就随手丢掉，尽管可吃的部分还多得很，也不再继续受用。依我看，螳螂这是在以奢侈作风掩饰身陷囹圄的

苦恼。

为了供应这奢华的用餐消费，我必须求别人帮助才行。从附近找来两三个无所事事的小孩，给他们一些面包片或甜瓜块，于是他们一早一晚，跑到周围一带的草地上，把芦苇秸编的小笼子装满。每次回来，笼子里都挤着活蹦乱跳的蝗虫和螽斯。至于我自己，则是手握捕虫网，每天在围墙里转一圈，专心致志地设法给我的食客们搞点儿高级野味。

这些野味精品的作用，是帮助我了解螳螂的胆量和力气究竟有多大。这类活食包括灰蝗虫、白面螽斯、蚱蜢和无翅螽斯。灰蝗虫的个头儿，比吃自己的螳螂还大；白面螽斯装备着强有力的大颚，连你的手指都要当心着点儿；蚱蜢造型古怪，梳着状似金字塔的主教帽发式；葡萄无翅螽斯能让那铗发出吱嘎怪音，滚圆大肚的末端还拖着一把大刀。在这难以下口的野味套餐之外，再加上两道令人生畏的野味：一道是丝光蛛，它那花彩盘一般的圆肚子，大得像枚20索的硬币；另一道是王冠蛛，它那蓬头垢面、大腹便便的模样，让人不寒而栗。

处在自由状况下的螳螂，会向诸如此类的敌方发动进攻；这一点不容置疑，因为我看到，即使在笼子里，无论什么东西出现在身旁，它都奋起作战。住在金属网里面，螳螂利用着我慷慨提供的财富，那么潜伏在灌木丛中，它所应当利用的便是偶然机会。种种历经艰险的大规模捕猎行动，在笼内是不会即兴重演的，那类行动只能作为一种惯常性的行为表现出来。总之，笼子里不大可能出现那样的捕猎场面，因为不具备客观条件；而这一点，也许正是螳螂所倍感遗憾的。

抓在螳螂劫持爪间的，通常是各种蝗虫，还有蝴蝶、蜻蜓、大苍蝇、蜜蜂，以及其他中等体型的猎物。我的笼中猎手，从来没有在任何活食面前表现怯懦，什么灰蝗虫和白面螽斯，什么丝光蛛和王冠蛛，迟早都要被它钩住，夹在锯条之间动弹不得，最后被津津有味地嚼碎。这情形值得详细介绍一下。

网壁上的大蝗虫，正昏头昏脑地向螳螂靠近，只见螳螂突然痉挛般一跳，刹那间拉起一副吓人的架势。电流振荡的效应，其迅疾大概也就是如此吧。情态转变得那么急骤，架势摆得那么可怕，如果是经验不足的观察者，会立即犹豫起来，把手缩回去，生怕发生意料不到的危险。就连我这惯于此道的老手，如果心不在焉，也免不了有大吃一惊的时候。你面前"砰"地跳出一个怪物，就像从小盒子里突然弹出的小魔鬼。

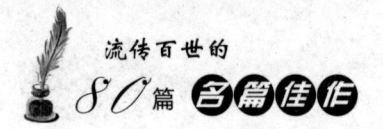 

接着，膜翅打开了，顺着身体两侧斜甩下来；膜翅下面的薄翅，支成全幅展开的并列双帆，酷似在脊背根上顶起一簇硕大的鸡冠盔饰；腹端上卷成曲棍弯，先向上翘，又向下压，并随着一阵突发性抖动而逐渐松弛下来；这时候，可以听到一种好似出气般的"呼哧呼哧"声，很像公火鸡开屏时发出的那种声响。人们会以为是遇到突发情况的游蛇，正吐着一口一口的气息。

身体高傲地支在四条后腿上，长身儿的上衣挺得笔直。一双劫持爪，起初是收缩着并排端在胸前，现在却左右张开，交叉甩出。就在这当儿，腋窝暴露出来了，那里镶嵌着成行的珍珠，还有一个中心带白斑的黑色圆点。这约略模仿了孔雀尾羽末端斑饰的眼状斑点上，又装饰着细微的象牙质般的凸纹。左右两个斑点，是一对制胜法宝，平时藏而不露；只有在准备作战时，螳螂才打开宝器匣，将一对宝物亮出来炫耀一番，自作威风，自命不凡。

螳螂固定在怪姿势上，眼珠一错不错地盯住大蝗虫，脑袋随对方的移动而稍做扭转。拉开这副架势，目的很明确，就是要恫吓强壮的野味肉动物，把它吓瘫。否则，对手锐气未挫，很可能制造过大的危险。

这做得到吗？螳螂躲在白面螽斯那光头下面，或者避开蝗虫那长脸的正面而置身其后，它们谁也不会察觉正在发生的事情。这时候，从它们无动于衷的面容上，的确看不出有丝毫的惊慌神色。可是现在，这只处境危险的蝗虫肯定知道有险情。它看见面前立起一个怪物，一对大钩子举得高高，眼看要落将下来；然而，虽然行动还来得及，它却明知死亡就在眼前而并不夺路逃命。它大腿粗壮，堪称跳远健将，蹦跳是它的拿手本事，蹿到远离利爪的地方去，本是轻而易举的事。不料紧急关头，它依然傻乎乎地站在原地，甚至还缓缓靠上前来。

据说，小鸟被蛇张开的大嘴吓瘫，被这爬行动物的目光惊呆，便会听任对方上来猛地咬住自己，自己却根本不能再蹦跳。好多次了，我看到蝗虫的表现几乎和小鸟一样。这不，那蝗虫已经进入螳螂威慑力的有效范围。只见两把铁钩抢下来，钩住来者，双齿刃锯条随即合拢，夹紧。不幸者在那里徒劳地抗议：空咬着大颚，空蹬着蹶子。但这一关它非过不可了。这时，螳螂折回翅膀，收起战旗；然后，重操正常姿势，开始用餐。

蚱蜢和无翅螽斯，比灰蝗虫和白面螽斯容易制服，因此，攻击这些风险系数较低的猎物，不必拉什么架势，也用不了多少时间。一般情况下，只要甩出双钩就够了。用同样的办法对付蜘蛛也绰绰有余，只管拦腰一夹，不用担心有

什么毒钩。自由撒放在笼子里的小蝗虫，是一道大路菜。和它们打交道，螳螂极少使用蛮横粗暴的手段；它一定要等呆头呆脑的小家伙走到足够近，而后不动声色地把它抓住。

如果要捕捉的活食是有能力反抗的，不可等闲视之，那么螳螂就拉起那副恫吓、威慑的架势，双钩相应采取一下子钩死不放的方法。接着，捕狼夹一个闭合，夹住惊呆的牺牲品，叫它连招架之功都施展不上。猎手以突然拉起打斗架势为手段，置猎物于失魂落魄的境地。

摆出怪姿势时，翅膀也起着很大作用。螳螂的翅膀非常宽阔，四周边缘是绿色的，其他地方是无色半透明的。沿长度方向分布着许多经翅脉，散射成扇面状。还有许多较细的纬翅脉，成直角地横在经翅脉之间，共同形成为数甚多的网眼结构。螳螂拉着打斗架势时，双翅是展开的，支立成两个几乎贴在一起的并列平面，其状与昼蛾休憩时一样。与此同时，在双翅之间，翘卷着的腹端做出一连串的冲动动作。肚皮在翅脉上摩擦，发出一种吐气似的"呼哧呼哧"声，我们在前面曾把这声响，比作处于防卫状态的游蛇的动静。只要把手指贴在平展开的翅膀的正面迅速移动，就可以模拟出那奇特的声响。

几天未进食，饥饿难忍的螳螂能把和自己同样大小，甚至比自己还大的灰蝗虫，整个吞进肚里，只剩下过于坚硬的翅膀。一份大得惊人的野味肉，只消两个时辰就啃干净了。如此暴食，实属罕见。这样的暴食我观赏过一两次，心里总不免犯嘀咕：这饕餮之徒上哪儿找盛这么多食物的地方呀？容量必小于容器的公理，怎么单为螳螂的利益而颠倒了逻辑呢？让我不禁赞叹的是，一副肠胃竟有如此高超的性能：原料尽管从那里经过，随后就能被消化，被吸收，一切都荡然无存。

蝗虫是笼中螳螂的惯常食品。这类野味肉身材不等，品种繁多。观看螳螂用劫持爪那对钳子夹着小蝗虫蚕食，也是桩饶有兴味的事情。虽说那尖尖的小嘴看上去不是用来大口吃肉的，但活食却被整个吃尽了，剩下的只有翅膀。当然，其中被消化吸收了的，唯有长着肉的躯干部分；肢爪和嚼不烂的硬皮，只是穿肠而过罢了。时常看见螳螂握着一根后肢的大腿段，那劫持爪抓在大腿下端的关节上，不断送到嘴边，细嚼着，品味着，小脸上流露出惬意的神情。鼓囊囊的蝗虫大腿，完全可以算是螳螂的一块上等好肉，大概等于我们吃的一块羊肉吧。

猎物先从颈背部位开刀。一只劫持爪将钩获的活食拦腰握住，与此同时，

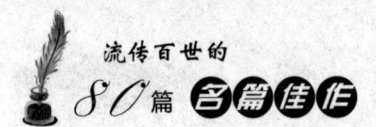
另一只劫持爪按在头部，致使脖颈背面的结合部张开一道缝。就从这没有甲胄保护的地方，螳螂把小尖嘴探进去，一点儿一点儿地啃咬，颇有股锲而不舍的劲头儿。眼看着，颈部张开一个偌大的创口。头部淋巴结既已损坏，蹬踹也就自动平息下来，猎物变成不能活动的肉体。这以后，行动自由多了，嗜肉成性的虫子开始尽情享受，爱吃哪儿的，就吃哪儿的。

牛蒡花

〔俄国〕列夫·托尔斯泰

我穿过田野回家，正是仲夏时节。草地已经割完了，黑麦刚要动手收割。

这正是万紫千红、百花斗妍的季节：红的、白的、粉红的、芬芳而且毛茸茸的三叶草花；傲慢的延命菊花；乳白的、花蕊黄澄澄的、浓郁袭人的"爱不爱"花；甜蜜蜜的黄色的山芥花；亭亭玉立的、郁金香形状的、淡紫的和白色的吊钟花；匍匐缠绕的豌豆花；黄的、红的、粉红的、淡紫的玲珑的山萝卜花；微微有点红晕的茸毛和微微有些愉快香味的车前草花；在青春时代向着太阳发着青辉的、傍晚即进入暮年变得又蓝又红的矢车菊花；以及那娇嫩的、有点杏仁味的立即就衰萎的菟丝子花。

我采了一束各种的花朵走回家去。这时，我看见沟里有一朵异样深红的、盛开着的牛蒡花，我们那里管它叫"鞑靼花"。割草人竭力避免割它，如果偶尔割掉一株，割草人怕它刺手，总是把它从草堆里扔出去。我忽然想要折下这枝牛蒡花把它放在花束当中。我走下沟去，把一只钻到花蕊中间、在那里正睡得甜蜜蜜懒洋洋的山马蜂赶走，就开始折花了。然而这却是非常困难的：且不说花梗四面八方地刺人，甚至刺透了我用来裹手的手巾——它并且是这样惊人的坚韧，我得一丝丝地把纤维劈开，差不多同它搏斗了五分钟的光景。末了，我把那朵花折了下来。这时花梗已经破碎不堪，并且花朵已经不那么鲜艳了。此外，由于它的粗犷和不驯，同花

列夫·托尔斯泰（1828—1910），俄国作家。生于名门贵族。1844年入喀山大学学习土耳其和阿拉伯语，后又改学法律，1847年退学回家。1851年参军，退役后于1862年结婚，婚后用六年时间完成了巨著《战争与和平》，以后又陆续写完长篇小说《安娜·卡列尼娜》《复活》，将俄国社会生活的巨幅画卷展现在人们面前。其他作品有：自传体三部曲《童年》《少年》《青年》，剧本《黑暗的势力》《教育的果实》《活尸》，中短篇小说《伊凡·伊里奇之死》《舞会之后》《哈泽·穆拉特》等。他的作品对欧洲文学产生了巨大影响。

束中娇嫩的花朵也不协调。我惋惜我白糟蹋了一枝花，它本来在自己的位置上是好好的，于是把它扔掉了。"然而生命是多么富于精力和力量呵"，我回忆折花时所费的气力，想到"它是如何努力地防卫着，并且高价地牺牲了自己的生命呵"。

回家的道路，是在休耕的、刚刚犁过的黑土的田地中间穿过的，我沿着满是尘土的黑土路爬坡走着。犁过的田地是地主的，非常广大，道路两旁和前面斜坡上，除了黑色的、犁得均匀的、还没有耙过的休耕地之外，什么都看不到。犁得很好，整个田地里连一棵小植物、一棵小草都看不见，全是黑色的。"人是一种多么善于破坏的残酷的动物呵，为了维护自己的生命，他毁灭了多少种动物、植物。"我一面想，一面不由得在这片精光的黑土里找寻活的东西。在我前面道路的右边，发现一棵灌木。当我走近了的时候，我认出这棵灌木仍然是"鞑靼花"，跟我徒然把它的花折来并且扔掉的那棵一个样。

这棵"鞑靼花"有三个枝杈。其中一枝已经断掉了，残枝像砍断的胳膊突出着。另外两枝都有一朵花。这两朵花原是红的，现在变黑了。一枝是断的，断枝头上有一朵沾了泥的花耷拉着；另一枝也涂抹了黑泥，但仍然向上挺着。看样子，整棵灌木曾被车压过，过后才抬起头来，因此它歪着身子，但总算站起来了。就好像从它身上撕下一块肉，取出五脏，砍掉一只胳膊，挖去一只眼睛，但它仍然站了起来，对那消灭了它周围弟兄们的人，决不低头。

"好大的精力！"我想道，"人战胜了一切，毁灭了成百万的草芥，而这一棵却依然；不屈服。"

于是我想起了一个年代久远的高加索的故事，它的一部分是我看见的，一部分是从目击者那里听来的，一部分是我想象的，这个故事在我的回忆和想象中是怎样形成的，就怎样写出来吧。

竞选州长

〔美国〕马克·吐温

马克·吐温（1835—1910），美国作家。以短篇著称，主要作品有《百万英镑》《竞选州长》等。他的代表作是《哈克贝利·费恩历险记》。文笔诙谐，幽默中渗透着对假与恶的讽刺。

　　几个月之前，我被提名为纽约州州长候选人，代表独立党与斯坦华脱·勒·伍福特先生和约翰·特·霍夫曼先生竞选。我总觉得自己有超过这两位先生的显著的优点，那就是我的名声好。从报上容易看出：如果说这两位先生也曾知道爱护名声的好处，那是以往的事。近几年来，他们显然已将各种无耻罪行视为家常便饭。当时，我虽然对自己的长处暗自庆幸，但是一想到我自己的名字得和这些人的名字混在一起到处传播，总有一股不安的混浊潜流在我愉快心情的深处"翻搅"。

　　我心里越来越不安，最后我给祖母写了封信，把这件事告诉她。她很快给我回了信，而且信写得很严峻，她说："你生平没有做过一件对不起人的事——一件也没有做过。你看看报纸吧——一看就会明白伍福特和霍夫曼先生是一种什么样子的人，然后再看你愿不愿意把自己降低到他们那样的水平，跟他们一起竞选。"这也正是我的想法！那晚我一夜没合眼。但我毕竟不能打退堂鼓。我已经完全卷进去了，只好战斗下去。

　　当我一边吃早饭，一边无精打采地翻阅报纸时，看到这样一段消息，说实在话，我以前还从来没有这样惊慌失措过："伪证罪——那就是1863年，在交趾支那的瓦卡瓦克，有34名证人证明马克·吐温先生犯有伪证罪，企图侵占一小块香蕉种植地，那是当地一位穷寡妇和她那群孤儿靠着活命的

唯一资源。现在马克·吐温先生既然在众人面前出来竞选州长，那么他或许可以屈尊解释一下如下事情的经过。吐温先生不管是对自己或是对要求投票选举他的伟大人民，都有责任澄清此事的真相。他愿意这样做吗？"

我当时惊愕不已！竟有这样一种残酷无情的指控。我从来就没有到过交趾支那！我从来没听说过什么瓦卡瓦克！我也不知道什么香蕉种植地，正如我不知道什么是袋鼠一样！我不知道要怎么办才好，我简直要发疯了，却又毫无办法。那一天我什么事情也没做，就让日子白白溜过去了。第二天早晨，这家报纸再没说别的什么，只有这么一句话：

"意味深长——大家都会注意到：吐温先生对交趾支那伪证案一事一直发人深省地保持缄默。"

（备忘——在这场竞选运动中，这家报纸以后但凡提到我时，必称"臭名昭著的伪证犯吐温"。）

接着是《新闻报》，登了这样一段话：

"需要查清——是否请新州长候选人向急于等着要投他票的同胞们解释一下以下这件小事？那就是吐温先生在蒙大拿州野营时，与他住在同一帐篷的伙伴经常丢失小东西，后来这些东西一件不少地都从吐温先生身上或"箱子"（即他卷藏杂物的报纸）里发现了。大家为他着想，不得不对他进行友好的告诫，在他身上涂满柏油，粘上羽毛，叫他坐木杠，把他撵出去，并劝告他让出铺位，从此别再回来。他愿意解释这件事吗？"

难道还有比这种控告用心更加险恶的吗？我这辈子根本就没有到过蒙大拿州呀。

（此后，这家报纸照例叫我做"蒙大拿的小偷吐温"。）

于是，我开始变得一拿起报纸就有些提心吊胆起来，正如同你想睡觉时拿起一床毯子，可总是不放心，生怕那里面有条蛇似的。有一天，我看到这么一段消息：

"谎言已被揭穿！——根据五方位区的密凯尔·奥弗拉纳根先生、华脱街的吉特·彭斯先生和约翰·艾伦先生三位的宣誓证书，现已证实：马克·吐温先生曾恶毒声称我们尊贵的领袖约翰·特·霍夫曼的祖父曾因拦路抢劫而被处绞刑一说，纯属粗暴无理之谎言，毫无事实根据。他毁谤亡人，以谰言玷污其美名，用这种下流手段来达到政治上的成功，使有道德之人甚为沮丧。当我们

想到这一卑劣谎言必然会使死者无辜的亲友蒙受极大悲痛时，几乎要被迫煽动起被伤害和被侮辱的公众，立即对诽谤者施以非法的报复。但是我们不这样！还是让他去因受良心谴责而感到痛苦吧。（不过，如果公众义愤填膺，盲目胡来，对诽谤者进行人身伤害，很明显，陪审员不可能对此事件的凶手们定罪，法庭也不可能对他们加以惩罚。）"

最后这句巧妙的话很起作用，当天晚上当"被伤害和被侮辱的公众"从前门进来时，吓得我赶紧从床上爬起来，从后门溜走。他们义愤填膺，来时捣毁家具和门窗，走时把能拿动的财物统统带走。然而，我可以手按《圣经》起誓：我从没诽谤过霍夫曼州长的祖父。而且直到那天为止，我从没听人说起过他，我自己也没提到过他。

（顺便说一句，刊登上述新闻的那家报纸此后总是称我为"拐尸犯吐温"。）

引起我注意的下一篇报上的文章是下面这段：

"好个候选人——马克·吐温先生原定于昨晚独立党民众大会上作一次损伤对方的演说，却未履行其义务。他的医生打电报来称他被几匹狂奔的拉车的马撞倒，腿部两处负伤，卧床不起，痛苦难言等等，以及许多诸如此类的废话。独立党的党员们只好竭力听信这一拙劣的托词，假装不知道他们提名为候选人的这个放荡不羁的家伙未曾出席大会的真正原因。

有人见到，昨晚有一个人喝得酩酊大醉，摇摇晃晃地走进吐温先生下榻的旅馆。独立党人责无旁贷须证明那个醉鬼并非马克·吐温本人。这一下我们终于把他们抓住了。此事不容避而不答，人民以雷鸣般的呼声询问：'那人是谁？'"

我的名字真的与这个丢脸的嫌疑联在一起，这是不可思议的，绝对的不可思议。我已经有整整三年没有喝过啤酒、葡萄酒或任何一种酒了。

（这家报纸在下一期上大胆地称我为"酒疯子吐温先生"，而且我知道，它会一直这样称呼下去，但我当时看了竟毫无痛苦，足见这种局势对我有多大的影响。）

那时我所收到的邮件中，匿名信占了重要的部分。那些信一般是这样写的：

被你从你寓所门口一脚踢开的那个要饭的老婆婆，现在怎么样了？

好管闲事者

也有这样写的：

你干的一些事，除我之外没人知道，你最好拿出几块钱来孝敬鄙人，不然，报上有你好看的。

惹不起

大致就是这类内容。如果还想听，我可以继续引用下去，直到使读者恶心。

不久，共和党的主要报纸"宣判"我犯了大规模的贿赂罪，而民主党最主要的报纸则把一桩大肆渲染敲诈案件硬"栽"在我头上。

（这样，我又得到了两个头衔："肮脏的贿赂犯吐温"和"令人恶心的讹诈犯吐温"。）

这时候舆论哗然，纷纷要我"答复"所有对我提出的那些可怕的指控。这就使得我们党的报刊主编和领袖们都说，我如果再沉默不语，我的政治生命就要给毁了。好像要使他们的控诉更为迫切似的，就在第二天，一家报纸登了这样一段话：

"明察此人！独立党这位候选人至今默不吭声，因为他不敢说话。对他的每条控告都有证据，并且那种足以说明问题的沉默一再承认了他的罪状，现在他永远翻不了案了。独立党的党员们，看看你们这位候选人吧！看看这位声名狼藉的伪证犯！这位蒙大拿的小偷！这位拐尸犯！好好看一看你们这个具体化的酒疯子！你们这位肮脏的贿赂犯！你们这位令人恶心的讹诈犯！你们盯住他好好看一看，好好想一想——这个家伙犯下了这么可怕的罪行，得了这么一连串倒霉的称号，而且一条也不敢予以否认，看你们是否还愿意把自己公正的选票投给他！"

我无法摆脱这种困境，只得深怀耻辱，准备着手"答复"那一大堆毫无根据的指控和卑鄙下流的谎言。但是我始终没有完成这个任务，因为就在第二天，有一家报纸登出一个新的恐怖案件，再次对我进行恶意中伤，说因一家疯人院妨碍我家的人看风景，我就将这座疯人院烧掉，把院里的病人统统烧死了，这使我万分惊慌。接着又是一个控告，说我为了吞占我叔父的财产而将他毒死，并且要求立即挖开坟墓验尸。这使我几乎陷入了精神错乱的境地。在这些控告之上，还有人竟控告我在负责育婴堂事务时雇用老掉了牙的、昏庸的亲戚给育

婴堂做饭。我拿不定主意了——真的拿不定主意了。最后，党派斗争的积怨对我的无耻迫害达到了自然而然的高潮：有人教唆 9 个刚刚在学走路的包括各种不同肤色、穿着各种各样的破烂衣服的小孩，冲到一次民众大会的讲台上来，紧紧抱住我的双腿，叫我做爸爸！

我放弃了竞选。我降下旗帜投降。我不够竞选纽约州州长运动所要求的条件，所以，我呈递上退出候选人的声明，并怀着痛苦的心情签上我的名字：

"你忠实的朋友，过去是正派人，现在却成了伪证犯、小偷、拐尸犯、酒疯子、贿赂犯和讹诈犯的马克·吐温。"

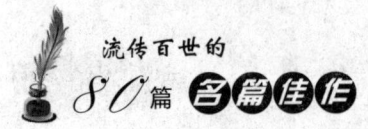

铁 匠

〔法国〕左 拉

左拉（1840—1902），法国作家，提出自然主义创作原则。主要作品有《小酒店》《娜娜》《萌芽》等。

铁匠身材高大，当地没人能比。他肩胛高耸，脸和手臂被炉中飞出的火星和锤下的铁屑染黑。在他的方脸上，乱而密的头发下面，长着一双孩子般的眼睛，又大又蓝，亮如钢铁的闪光。他下巴宽大，笑起来如同他的风箱，声震屋瓦。当他用打铁养成的习惯有力的动作扬起胳膊的时候，他50岁的年纪和那举起的25斤重的铁锤相比，似乎算不得什么，这把锤子，他管它叫"小姐"，是个令人望而生畏的姑娘，从韦尔农到鲁昂，只有他一个人能舞得动她。

我在铁匠家里住了一年，整整一年，使我得以恢复健康。本来我失去了喜怒哀乐，失去了思想。我茫然不知所之，想找一个，给自己找一个平静的一隅，在那里，我可以工作，可以恢复我的精力。

一天晚上，我正在路上，已经走过了村子，我远远望见了那个火焰熊熊的铁匠铺，它孤零零地斜立在十字路口。门大敞着，火光照得交叉路口一片通红，连对面小溪旁边的一排白杨树也如同火把一样地燃烧着。在静谧的暮色中，从两公里外的远处，传来有节奏的铁锤声，颇像一支越来越近的铁军的马蹄声。我走过去，在敞开的门中站住，被一片光明，一片雷鸣般的响声包围。看到这样的工作，看着人的手把烧红的铁棍弯曲拉直，我高兴，我的心里已经觉得有了力量。

那个秋日的晚上是我第一次看见铁匠。他正在打制一个犁铧。他敞着衬衫，露出粗糙的胸膛，伴着每一次呼吸，他

的金属一样结买的肋骨骨架便清晰可见。他身向后仰，猛地一使劲，把锤子打下去。他不停地打着，身体柔软而连续地晃动着，肌肉绷得紧紧的。铁锤循着固定的路线上下飞舞，夹带着火星，身后留下一道闪光。

铁匠用两只手舞动着"小姐"，而他的儿子，一个20岁的小伙子钳子头上夹着一块烧红的铁，也在打着，他打出的声音沉闷，被老头子那可怕的姑娘喧嚣的舞蹈声盖住了。当，当——当，当，好像是一位母亲在用庄严的声音鼓励一个孩子牙牙学语。"小姐"舞着摇着她裙衣上的金片，每当她从铁砧上跳起来的时候，她的腿根便在她所打造的犁铧上印上一道痕迹。一条血样的火焰直冲到地上，照亮了两个打铁人的颧骨，他们长长的身影一直延伸到铁匠铺黑暗的角落里。渐渐地，炉火变白了，铁匠停下手来。他满脸漆黑，依着锤柄站着，甚至没有擦擦他脸上淋漓的汗水。他的儿子用一只手慢慢地拉着风箱，在风箱的轰鸣声中，我听见他依然没有平静的两肋喘息着。

晚上，我睡在铁匠那儿。我不再走了。他有一间空屋子，在铺子的楼上，他把那间屋子给我，我也就接受了。刚到五点，天还没亮，我便被卷入到主人的工作中去。我被那座房子上上下下的笑声唤醒，它从早到晚总是热热闹闹的，无限欢乐。在我的底下，铁锤飞舞。我好像是被"小姐"从床上扔了下来，她敲着天花板，把我当成懒汉。那间简陋的屋子，那个大衣橱，那张白松桌子和那两把椅子，被震得乱响，仿佛是在向我呼喊动作快点。我应该下楼了。到了楼下，我看见炉子已经红了，风箱响着，一股蔚蓝和玫瑰色时火焰从煤上升起，风助火势，炉火宛如星光闪烁。

铁匠在准备一天的工作了。他把铁放在角落里，翻着犁和车轮。看见我，他把双手插在腰上，这个好人，他笑了，大嘴直咧到耳根。看见我五点钟就被赶下床来，他高兴极了。我看他是为敲而敲，早晨，他以他的铁锤作为一个奇特的报时钟，催人起床。他把两只大手放在我的肩上，俯下身来，好像是在对一个孩子说话。他对我说，自从我生活在他的废铁之中以后，我好多了。每天，我们都坐在一辆翻倒的车屁股上一起喝白葡萄酒。

从此，我经常整天地待在铁匠铺里，特别是冬天下雨的时候，我在那儿流连忘返，对打铁发生了兴趣。铁匠和他随心所欲锻造的铁之间进行着一场无休止的战斗，这如同一场伟大的戏剧，令我着迷。我看着炉子里的铁被放到铁砧上，看到它像蜡一样的柔软，被铁匠弄弯了、拉平、卷曲，这使我惊叹不已。犁造

67

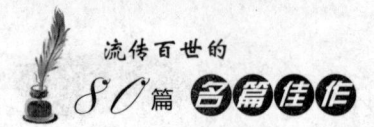
好之后，我跪在它的面前，再也认不出这块铁昨天的样子了。我察看零件，幻想着它们是出自无比神奇的手指而无须用火。有时我会想到一个姑娘，想到她我就情不自禁地笑了。过去，我常看见她在我的窗子对面用她纤细的手弯着铜丝，然后用一根丝线把手工做的紫罗兰扎在上面。

铁匠从不叫苦。他一天打铁14个钟头，接连打上几天，到晚上还是很开心地笑着，一边用满意的神色抚摸着胳膊。他从不悲哀，也从不厌倦。我想即使房子倒了，他也能用双肩把它顶起来。冬天，他说他的铁匠铺很暖和；夏天，他把门大开着，让干草的味飘过来。当夏天来到的时候，傍晚，我走到他身边，在门前坐下。我们是在山坡上，整个峡谷在我们眼前一览无余。平坦广阔的田野在淡紫色的暮霭中消失在天边。他看到这些，心里便洋溢着幸福。

铁匠经常半真半假地说他是这些土地的主人，200多年以来，这个地方用的犁都是铁匠铺提供的，这是他的骄傲。没有他，一棵庄稼也不能生长。田野5月变绿，7月变黄，是因为他出了力。他爱庄稼，像爱自己的儿女，看到火热的太阳出来了，他就兴高采烈，遇到下冰雹，他就伸出拳头诅咒那些乌云。他经常指给我看远处的某一块没有脊背宽的土地，告诉我说他某年某年造了一部犁给那块燕麦地和黑麦地使用。到耕地的季节，他时常扔下锤子，走到路边上，手搭凉篷，看着。他看着无数他造的犁正在开垦土地，划出田垄，正面，左面，然后右面，直到整个峡谷。牲口拉着犁，缓慢地向前走着，好像正在行进中的队伍。犁铧在阳光下发出银色的内光，而他，扬起胳膊，叫我过去看那地耕得多棒！

我楼下叮叮咣咣的响声使我的血液中也有了铁，这对我来说胜似吃药。我已经习惯于这种声音了，为了确信我在生活，我需要铁锤打在铁砧上的音乐。我的房间，由于风箱的轰鸣而充满活力，我在那里重获我的思想。当，当——当，当，这声音犹如一个快乐的钟摆，规定着我的工作时间。到最紧张的时刻，当铁匠发起火来当我听到那烧红的铁在他狠命砸下的铁锤下发出断裂的声音的时候，我便激奋起来，腕间感到有一种巨大的力量，我真恨不得一笔把世界抹平。后来，当打铁炉平静下来的时候，我的脑子里也复归沉寂。我走下楼去，看到那些被征服的铁依然冒着青烟，我对自己的工作感到羞愧。

我时常在炎热的下午看见铁匠，他是何等的健美！那裸露的上身，那突出而结实的肌肉，使他像米开朗琪罗的一个拔山盖世的伟大雕塑。看着他，我找到了艺术家们在希腊的死人身上艰难寻找着的现代雕塑的线条。他在我的眼睛

里是因其劳动而变得异常高大的英雄，是我们这一世纪永不疲倦的孩子，他在铁砧上千锤百炼着我们分析的武器，他用火与铁锻造着未来的社会。他以自己的铁锤为乐。当他想笑的时候，他便抄起"小姐"使劲地打着。于是，伴着炉子呼出的玫瑰色的气息，他的家里便响起滚滚雷鸣。我似乎听到了劳动者的呼吸。

就在那儿，在铁匠铺里，在铁犁中间，我永远治好了我的懒惰病和怀疑病。

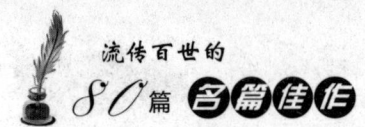

罗丹（1840—1917），法国雕塑家。主要作品有《青铜时代》《雨果》《巴尔扎克》等。这份遗嘱与众不同的是，主要谈艺术问题，别具一格。

遗　嘱

〔法国〕罗　丹

青年们，想要做美的歌颂者的青年们，在这里你们找到一个长期经验的撮要，这也许对你们是高兴的事。

生在你们以前的大师，你们要虔诚地爱他们。

在菲狄亚斯和米开朗琪罗的面前，你们要躬身致敬。崇仰前者神明的静穆和后者犷放的忧思吧。对于高贵的人，崇仰是一种醇酒。

可是要小心，不要模仿你们的前辈。尊重前辈，把传统所包含永远富有生命力的东西区别出来——对"自然"的爱好和真挚，这是天才作家的两种强烈的渴望。他们都崇拜自然，从没有说过谎。所以传统把钥匙交给你们，而靠了这把钥匙，你们会躲开陈旧的因袭。也就是传统本身，告诫你们要不断地探求真实，和阻止你们盲从任何一位大师。

但愿"自然"成为你们唯一的女神。

对于自然，你们要绝对信仰。你们要确信，"自然"是永远不会丑恶的；要一心一意地忠于自然。

在艺术家看来，一切都是美的，因为在任何人与任何事物上，他锐利的眼光都能够发现"性格"，换句话说，能够发现在外形下透露出的内在真理；而这个真理就是美的本身。虔诚地研究吧，你们不会找不着美的，因为你们将要遇见真理。奋发地工作罢。

诸位雕塑家，你们心里要加强领会深度的意义。心灵是不易和这个概念融洽起来的，这个概念明显地表现的，无非

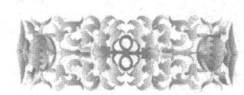 

是些平面，从厚度来想象形体，这件事会使心灵感到困难，但这正是你们的任务。

首先，要明确地安排你们要雕刻的形象的大的"面"，要鲜明地强调你对人体每个部分，头、两肩、盆骨、腿所支配的方向。艺术要有决断。由于线条的显然的来龙去脉，你们才能够深入空间而获得物体的深度。当你们把面处理好以后，一切也就找着了；你们的雕像已经有了生命——其他细节自己会来，而且自会安排。

塑造的时候，千万不要在平面上，而是要在起伏上思考。

希望你们领悟到，所有面积，好像是正在它后边推动的体积的最外露的一面。你们要设想形象正迎着你们，向你们突出。一切生命皆从一个中心上进生出来，然后由内到外，滋长发芽，灿烂开花。同样，在美好的雕刻中，人们常常猜得出是有一种强烈的内在冲动。这就是古代艺术的秘密。

而你们，画家们，也要从深度上去观察现实。譬如说，你们瞧拉斐尔的一幅肖像画吧。当这位大师表现一个人物的正面像的时候，他便胸部斜侧，因此给我们深度的幻觉。

一切大画家都是探测空间的，他们的力量就在这一厚度的概念中。

你们要记住这句话：没有线，只有体积。那你们勾描的时候，千万不要只着眼于轮廓，而要注意形体的起伏。是起伏在支配轮廓。

你们要毫不松懈地锻炼，必须专心致志。

艺术就是感情。如果没有体积、比例、色彩的学问，没有灵敏的手，最强烈的感情也是瘫痪的。最伟大的诗人，如果他在国外，不通其语言，他能做什么呢？不幸在新一代的艺术家里面，有不少拒绝学习怎样说话的诗人，所以他们只能含糊其辞了。

要有耐心，不要依靠灵感。灵感是不存在的。艺术家的优良品质，无非是智慧、专心、意志，像诚实的工人一样完成你们的工作吧。

你们要真实，青年们；但这并不是说，要平板地精确。世间有一种低级的精确，那就是照相和翻模的精确。有了内在的真理，才开始有艺术。希望你们用所有的形体，所有的颜色来表达种种情感吧。

只满足于形似到乱真，拘泥于无足道的细节表现的画家，将永远不能成为大师。要是参观过意大利境内的墓地的话，无疑地你们会注意到那些负责装饰墓地的艺术家，多么幼稚地在他们的雕像上，专以模仿刺绣、花边、发辫为能事。

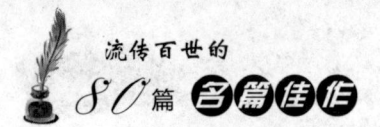
也许这些做得精确，但既然不是出于自己的心灵，也就不会真实。

几乎我们所有的雕塑家，都使人联想起意大利墓地的雕塑。在我们公共广场的雕像上，所能识别的只是些衣服、桌子、椅子、机器、氢气球、电报机，没有一点内在的真理，也没有一点艺术。你们要厌恶这些旧货铺里的东西。

你们要有非常深刻的、粗犷的真情，千万不要迟疑，把亲自感觉到的表达出来，即使和存在着的思想是相反的。也许最初你们不被人了解，但你们的孤寂是暂时的，许多朋友不久会走向你们——因为对一人非常真实的东西，对众人也非常真实。

可是不要扮鬼脸、做怪样来吸引群众。要朴素、率真！

最美的题材摆在你们面前：那就是你们最熟悉的人物。

不幸早逝的我的亲爱的、伟大的欧仁·加利哀，就是以画他的妻子和他的子女而显示出他的天才的。歌颂母爱，足以使他崇高。所谓大师，就是这样的人：他们用自己的眼睛去看别人见过的东西，在别人司空见惯的东西上能够发现出美来。

拙劣的艺术家永远戴别人的眼镜。

要点是感动，是爱，是希望、战栗、生活。在做艺术家之前，先要做一个人！巴斯加尔说过，真正的雄辩是看不出雄辩的；同样，真正的艺术是忽视艺术的。这里，我再举加利哀为例：在每次展览会里，大部分的画幅不过是画而已；至于他的画幅，在别人的作品之中，好像开向生命的窗子！

你们要欢迎正确的批评，这是你们容易识别的。当你们被围在疑难之中，使你们不再犹豫的就是这些批评。可是不要被自己的良心不能接受的批评伤害了你们。

不要怕不公平的批评，这种批评会激起你们的朋友的反感，会逼得他们在对于你们的同情上加以思考；而当他们明白并戳破这些批评的动机以后，他们对你们的同情更会明显地表露出来。

如果你们的才艺是新颖的，那么最初志同道合的只能很少，而敌人很多。但你们不要失望，前者将会得到胜利，因为他们知道为什么爱你们；而你们的敌人不知道为什么你们使他们讨厌。前者热爱真理，时时替真理吸收新的信仰者；后者对于自己的谬见，不会有经久的热诚。前者坚韧不拔，后者随风而转。真理的胜利是必然的。

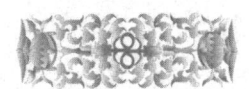

你们不要浪费时间，在交际场中或政治圈里去拉关系。你们会看到许多同行，钩心斗角，谋求富贵——这些不是真正的艺术家；可是其中不乏聪明的人。如果在他们的地盘上打算和他们争名逐利，你们将和他们同样浪费时间，就是说耗尽你们的一生——那就再不剩一分钟时间给你们去做一个艺术家了。

你们要热爱你们的使命——没有比这个更美好的了。它比世俗所想的高尚得多。

艺术家留下伟大的榜样。

他尊重自己的事业：他最珍贵的酬报是做好工作的喜悦。现在，唉！有人劝工人——为了他们的祸患——去憎恨自己的工作，破坏自己的工作。当一切人都有艺术家的灵魂，就是说人人都快乐地从事他们的职业，那时候，世界才会幸福。

艺术又是一门学会真诚的功课。

真正的艺术家总是冒着危险去推倒一切既存的偏见，而表现他自己所想到的东西。

因此他教同道们要率真坦白。

试想多么神奇的进步立刻就能够实现，如果人类都是绝对爱好真理的话！

啊！我们的社会将要多么快地把过去存在的错误与丑恶除掉，而且我们的世界将会何等迅速地变成乐园！

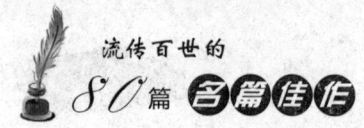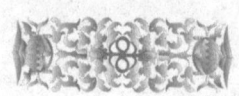
独立宣言

〔美国〕杰斐逊

杰斐逊（1843—1826），美国第三任总统，优秀的散文家。这篇著名的《独立宣言》在费城第二次大陆会议通过，时为1776年7月4日。

　　在人类历史事件的进程中，当一个民族必须解除其与另一个民族之间迄今所存在着的政治联系，而在世界列国之中取得那"自然法则"和"自然神明"所规定给他们的独立与平等的地位时，就有一种真诚的尊重人类公意的心理，要求他们一定要把那些迫使他们不得已而独立的原因宣布出来。

　　我们认为这些真理是不言而喻的：人人生而平等，他们都从他们的"造物主"那边被赋予了某些不可转让的权利，其中包括生命权、自由权和追求幸福的权利。为了保障这些权利，所以才在人民中间成立政府。而政府的正当权利，则系得自统治者的同意。如果遇有任何一种形式的政府变成是损害这些目的的，那么，人民就有权利来改变它或废除它，以建立新的政府。这新的政府，必须是建立在这样的原则的基础上，并且是按照这样的方式来组织它的权力机关，庶几就人民看来那是最能够促进他们的安全和幸福的。诚然，谨慎的心理会主宰着人们的意识，认为不应该为了轻微的、暂时的原因而把设立已久的政府予以变更；而过去一切的经验也正是表明，只要当那些罪恶尚可容忍时，人类总是宁愿默然忍受，而不愿意废除他们所习惯了的那种政治形式以恢复他们自己的权利。然而，当一个政府恶贯满盈、倒行逆施、一贯地奉行着那一个目标，显然是企图把人民抑压在绝对专制主义的淫威之下时，人民就有这种权利，人民就有这种义务，来推翻那样的政府，而为他们未来的安全设立新的保

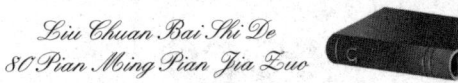

障。——我们这些殖民地的人民过去一向是默然忍辱吞声，而现在却被迫地必须起来改变原先的政治体制，其原因即在于此。现今大不列颠国王的历史，就是一部怙恶不悛、倒行逆施的历史，他那一切的措施都只有一个直接的目的，即在我们各州建立一种绝对专制的统治。为了证明这一点，让我们把具体的事实胪陈于公正的世界人士之前：

他一向拒绝批准那些对于公共福利最有用和最必要的法律。

他一向禁止他的总督们批准那些紧急而迫切需要的法令，除非是那些法令在未得其本人的同意以前，暂缓发生效力；而在这样暂缓生效的期间，他又完全把那些法令置之不理。

他一向拒绝批准其他的把广大地区供人民移居垦植的法令，除非那些人民愿意放弃其在立法机关中的代表权。此项代表权对人民说来实具有无可估量的意义，而只有对暴君说来才是可怕的。

他一向是把各州的立法团体召集到那些特别的、不方便的、远离其公文档案库的地方去开会。其唯一的目的就在使那些立法团体疲于奔命，以服从他的指使。

他屡次解散各州的议会，因为这些议会曾以刚强不屈的坚毅的精神，反抗他那对于人民权利的侵犯。

他在解散各州的议会以后，又长期地不让人民另行选举；这样，那不可抹杀的"立法权"便又重新回到广大人民的手中，归人民自己来施行了；而这时各州仍然险象环生，外有侵略的威胁，内有动乱的危机。

他一向抑制各州人口的增加；为此目的，他阻止批准"外籍人归化法案"；他又拒绝批准其他的鼓励人民移殖的法令，并且更提高了新的"土地分配法令"中的限制条例。

他拒绝批准那些设置司法权力机关的法案，借此来阻止司法工作的执行。

他一向要使法官的任期年限及其薪金的数额，完全由他个人的意志来决定。

他滥设了许多新的官职，派了大批的官吏到这边来钳制我们人民，并且盘食我们的民脂民膏。

在和平的时期，他不得到我们立法机关的同意，就把常备军驻屯在我们各州。

他一向是使军队不受民政机关的节制，而且凌驾于民政机关之上。

他一向与其他的人狼狈为奸，要我们屈服在那种与我们的宪法格格不入，

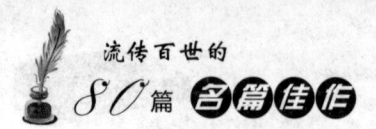

并且没有被我们的法律所承认的管辖权之下，他批准他们那些假冒的法案。

他把大批的武装部队驻扎在我们各州。

他是用一种欺骗性的审判来包庇那些武装部队，使那些对各州居民犯了任何谋杀罪的人得以逍遥法外。

他割断我们与世界各地的贸易。

他不得到我们的允许就向我们强迫征税。

他在许多案件中剥夺了我们在司法上享有"陪审权"的利益。

他是以"莫须有"的罪名，把我们递解到海外的地方去受审。

他在邻近的地区（指加拿大。1774年3月，英国政府通过五项所谓"不能容忍的法案"，其中最重要的一项是将俄亥俄西北的广大地区划归加拿大的魁北克省管辖，并允许在加拿大的法国人得保持其天主教的信仰，以阻止13个殖民地的人民向西部移殖。）废除了那保障自由的英吉利法律体系，在那边建立了一个横暴的政府，并且扩大它的疆界，要使它迅即成为一个范例和适当的工具，以便把那同样的专制的统治引用到这些殖民地来。

他剥夺了我们的"宪章"，废弃了我们那些最宝贵的法令，并且从根本上改变了我们政府的形式。

他停闭我们自己的立法机关，反而说他们自己有权得在任何一切场合之下为我们制定法律。

他宣布我们不在其保护范围之内并且对我们作战，这样，他就已经放弃了在这里的政权了。

他一向掠夺我们的海上船舶，骚扰我们的沿海地区，焚毁我们的市镇，并且残害我们人民的生命。

他此刻正在调遣着大量的外籍雇佣军，要求把我们斩尽杀绝，使我们庐舍为墟，并肆行专制的荼毒。他已经造成了残民以逞的和蔑信弃义的气氛，那在人类历史上最野蛮的时期都是罕有其匹的。他完全不配做一个文明国家的元首。

他一向强迫我们那些在海上被俘虏的同胞公民们从军以反抗其本国，充当屠杀其兄弟朋友的刽子手，或者他们自己被其兄弟朋友亲手所杀死。

他一向煽动我们内部的叛乱，并且一向竭力勾结我们边疆上的居民——那些残忍的印第安蛮族来侵犯。印第安人所著称的作战方式，就是不论男女、老幼和情况，一概毁灭无遗。

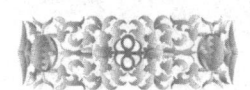
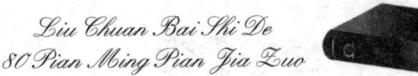
在他施行这些高压政策的一个阶段，我们都曾经用最谦卑的词句吁请改革；然而，我们屡次的吁请，结果所得到的答复却只是屡次的侮辱。一个如此罪恶昭彰的君主，其一切的行为都可以确认为暴君，实不堪做一个自由民族的统治者。

我们对于我们的那些英国兄弟们也不是没有注意的。我们曾经时时警告他们不要企图用他们的立法程序，把一种不合法的管辖权横加到我们身上来；我们曾经提醒他们注意到我们在此地移殖和居住的实际情况。我们曾经向他们天生的正义感和侠义精神呼吁，而且我们也曾经用我们那同文同种的亲谊向他们恳切陈词，要求取消那些倒行逆施的暴政，认为那些暴政势必将使我们之间的联系和友谊归于破裂。然而，他们也同样地把这正义的、血肉之亲的呼吁置若罔闻。因此，我们不得不承认与他们有分离的必要，而我们对待他们也就如同对待其他的人类一样，在战时是仇敌，在平时则为朋友。

因此，我们这些集合在大会中的美利坚合众国的代表们，吁请世界人士的最高裁判，来判断我们这些意图的正义性。我们以这些殖民地的善良人民的名义和权力，谨庄严地宣布并昭告，这些联合殖民地从此成为，而且名正言顺地应当成为自由独立的合众国；它们解除对于英王的一切隶属关系，而它们与大不列颠王国之间的一切政治联系亦应从此完全废止。作为自由独立的合众国，它们享有全权去宣战、媾和、缔结同盟、建立商务关系，或采取一切其他凡为独立国家所理应采取的行动和事宜。为了拥护此项"宣言"，怀着深信神明福佑的信心，我们谨以我们的生命、财产和神圣的荣誉互相共同保证，永誓无贰。

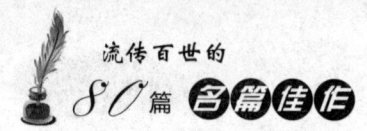
论人性的改变

〔美国〕杜 威

杜 威（1859—1952），美国哲学家、社会学家、教育学家、实用主义者。著有《学校与社会》《哲学的改造》《经验与自然》《人的问题》等。

我得出这样的结论：凡对于我在本文标题中提出的问题给予不同的答案者，都在谈论着不同的事物。但是这样解答问题的办法未免太轻易，不能令人满意。因为还有一个真实的问题，并且若把这个问题看成为实际的而非理论的问题，那么，我想正确的答案是：人性的确改变。

我所谓问题的实际方面是：在人的信仰和行动上的重要的、差不多基本的改变是否已发生过和今后是否仍能发生的问题。但若把这个问题安放在其更适当的透视点上，我们应首先承认在某种意义上，人性并不改变。我不相信能证明：人们的固有的需要自有人类以来曾改变过，或在今后人类生存于地球上的时期中将会改变。

我所谓"需要"，是指人们由于其身体构造而表现的固有的要求。例如对饮食的需要和对行动的需要，等于是我们存在的一部分，因此，不可设想在任何情况下，这些需要会停止存在。还有其他不是这样直接属于身体方面的，而在我看起来也仿佛是同样植根于人的本性之中的需要。我可以举出以下的例子：对某种合群的需要，显示自己的精力并把自己的力量作用于周围环境的需要，为了互助和斗争与自己的同伴合作或与之竞争的需要，某种美感的表现和满足的需要，领导和服从的需要等。

我所举的例子是否选择得适当是无关宏旨的，比较重要的则是要承认这个事实：有些倾向是人的本性的不可分割的

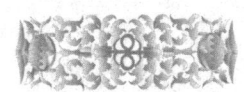

部分；如果这些倾向改变了，本性便不再成其为本性了。这些倾向通常叫做本能。心理学家现在用这个名词比较从前更谨慎了。但是用以称呼这些倾向的名词是无关宏旨的，比较重要的是人的本性有其自己的构造的这一事实。

承认了在人的本性的构造中有些不变的因素的这个事实以后，我们容易犯错误的地方是从这个事实所作出的推论。我们假定这些需要的表现方式亦是不变的。我们假定我们习惯了的表现方式，如同其所从产生的需要一样，都是自然的和不可改变的。

对食物的需要是如此迫切的，我们称那些坚决抗拒饮食者为疯子。但是要求或采用何种食物，是为物质环境和社会风俗所影响的获得的习惯之事物。对于今日的文明人，吃人肉是完全不自然的事情。但有些民族过去曾认为这是颇自然的事情，因为它为社会所许可并得到颇高的尊重。有些相当可信的故事讲到有些人需要他人帮助，不肯吃美味可口的和营养丰富的食物，因为他们不习惯于吃这些东西；这些新奇的食物是如此"不自然"的，以致他们宁肯挨饿而不吃。

当亚里士多德称奴隶制度的存在有其本性的根据时，他不仅为他自己辩护，而且为整个社会秩序辩护。他认为从社会中废除奴隶制度的努力是改变人类的不可改变的本性的一种无用的和空想的努力。因为依他的看法，不仅当主人的欲望是植根于人性中，而且有些人生来即有内在的奴隶的根性，把他们解放是违反人性的。

当有人提倡社会改变以改良或改进现存的制度时，常听到人说，人性是不能改变的。当建议的制度上或情况上的改变与现存制度或情况处于尖锐的对立时，我们经常听见这种论调。如果保守分子是更聪明的话，他在最多的事例中应把习惯的惰性而不应把人性的不变论作为其提出的反对论调之基础；他应把曾一度获得的习惯对于改变的抗拒性作为其提出的反对论调之基础。教老狗变新戏法是不容易的，但教社会采用那些违反相沿已久的风俗之风俗，那是更不容易的。这种保守主义是明智的，它将强使那些要求改变者不仅要稳步前进，而且要考虑如何引进其所要的改变而同时使一般人感到最少的震惊和脱节。

不过，有很少几种机会改变是可能用其违反人性为理由而加以反对的。创设不要饮食的社会的一个建议，便是其中的一个例子。曾经有过创设无夫妻同居的社会之先例，并且这种社会曾维持了一个时期。但是这种社会是如此违反

人性的，以致不能长久维持下去。这些事例差不多是根据人性不变论以反对社会改变的唯一的事例。

请看战争这个制度，它是一切制度中最古老的和最为社会所重视的制度之一。对于持久和平的努力常遭到反对，其理由是，人在本性上是一种斗争的动物，并且其本性的这一方面是不变的。可援引过去和平运动失败以支持这种看法。但在事实上，战争是一种社会习惯，如同古代人认为不可变的奴隶制度是一种社会习惯一样。

我已说过，依我的意见，斗争性是人性的一个构成部分。但是我亦曾说过，这些本性的因素之种种表现是可改变的，因为它们常为风俗和传统所影响。战争的存在并非由于人有斗争的本能，而是由于社会情况和势力导引，差不多强迫这些“本能”走上战争的道路。

在很多其他的方面，斗争的需要已经得到满足，在其他尚未发现和探讨的方面，它亦能得到同等满足。在反对疾病，反对贫穷，反对不安全，反对不公平的斗争中，很多人得到遂行其斗争倾向的充分机会。

人们停止互相残杀以满足其斗争的需要的时期，人们在反对那些对于所有的人都是共同敌人的势力的普遍的和集体的种种努力中表现其斗争需要的时期，距今可能遥远。但其困难在于某些获得的社会风俗的持续性而不在斗争需要的不变性。

斗争性和恐惧心是人性中的固有的因素。但怜惜心和同情心亦是如此的。我们很“自然地”派遣护士和医生到战场上去并供给医院种种便利品，如同我们很自然地以刺刀互相冲击或放射机关枪一样。在古时候，斗争性和战争有密切的关系，因为战争的进行多半是挥拳肉搏。但斗争性在今日战争的发生上则起很小的作用。某一国的公民并不能本能地仇恨另一国的公民。当他们攻击或被攻击的时候，他们并不挥拳肉搏，而是从很远的地方用炮弹射击其从未看见的人们。在近代战争中，愤怒和仇恨是在战争开始后产生的；它们是战争的结果，不是其原因。

支援战争是一个艰巨的工作；要激发一切情感的反应，要充分利用宣传的和关于敌人残暴的故事。除掉这些极端的措施，要有确定的组织，如同在两次世界大战中一样，去维持甚至非战斗员的士气。所谓士气，多半是达到某一顶点的种种情感；很不幸的，恐惧、仇恨、猜疑便是最易激发的种种情感中的几

种情感。

关于现代战争的原因，我将不企图说些武断的话。但是我不相信有人将否认，战争的原因与其说是心理的，不如说是社会的，虽然在鼓动人们要求作战和继续作战上，心理的刺激是很重要的。并且我不相信有人将否认，在战争的社会的原因中，经济的情况是很强大的因素。但是主要的论点是不管什么社会原因，它们是传统、风俗、制度、组织的事物，并且这些因素都属于人性的可改变的表现方式，不属于其不变的因素。

在上面我曾拿战争做一个范例，来说明在人性中什么是可变的因素，什么是不可变的因素，什么是这些因素对于社会改变的计划之关系。我选择了这个范例，因为它是一个极难有持久改变的事例，而并非一个容易有持久改变的事例。重要的论点是：当前的种种障碍是社会势力所建立的，而社会势力则随时改变，并不为人性的因素所确定。和平主义者专门乞援于同情心和怜惜心，从而不能达到其目的，这亦足以说明这一事实。因为，如同我在上面所说的，仁爱的情感亦是人性中的一个确定的因素，但其表现的途径则依赖于社会的情况。

在战时，常有这些仁爱的情感的伟大的表现。友爱感和帮助那些需要救济者的欲望在战时是很强烈的，正如它们在我们观察到或想象到的大灾难时期是很强烈的一样。但是这些情感是在确定的途径中表现出来的，是局限于对待我方的人们的。这些仁爱的情感和对于敌方的愤怒的与恐惧的情感，如果不是同时表现在同一个人中，至少是同时表现在同一社会中的。因此，和平主义者乞援于人性的仁爱的因素，而不明智地考虑到正在起作用的社会的和经济的力量，这必然会招致最后的失败。

威廉·詹姆士在其《战争的道德的因素》一文中，作了一个伟大的贡献。这篇文章的标题即暗示我的论点。有些基本的需要和情感是永恒不变的。但是它们可能采取和其目前的表达方式根本不同的表达方式。

当有人建议在经济制度和经济关系上作出某种基本改变时，立即会引起一个更激烈的争论。现在关于这样广泛的改变的建议是司空见惯的事了。在另一方面，有人反对这些建议，说这些改变是不可能的，因为它们牵涉到人性中的一个不可能的改变。对于这种论调，主张那所欲的改革者的答复是：现在的制度或其某些方面是违反人性的。反对和赞成改革的两方面的论据都是错误的。

在事实上，经济制度和经济关系是属于人性的表现方式之最易改变者。历

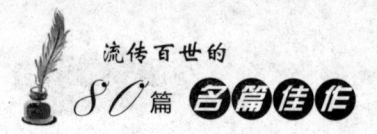
史便是这些改变的活生生的证据。例如亚里士多德认为付利息是不自然的事，这种学说在中古时代得到回响。一切利息在当时都认为是剥削，只是在经济情况改变后，付利息才变为习惯的"自然的"事情，而剥削一名词获得了现在的意义。

在某些时期和某些地方，土地是公有的，土地的私有制被认为是不自然的事情。在另一些时期和另一些地方，财产属于一个主人，其臣民的财产（如果有一点财产的话）要让主人随意支配。在现代金融和工业生活中如此重要的信用贷款的整个制度是近代的发明。合股公司与其个人的有限的债务这一制度的发明亦大大地改变了关于财产的更古老的事实和观念。我想，拥有某些东西的需要是人性的固有的因素之一。但假定美国在1946的私有制及其对于政治的、法律的支持者的错综复杂的关系，都是固有的占有倾向的必然的和不变的结果，那是一个愚蠢的或纯粹幻想的看法。

法律是最保守的人类制度之一；但是通过立法和司法的判决，它有时亦或快或慢地改变着。工业的和法律的制度上的改变所引起的人生关系上的种种改变反过来改变人性的表现方式，这个又引起制度上的进一步的改变，如此循环，以至无穷。

根据这些理由，我说，凡是认为由于人性的确定不变，所以社会改变，即便是颇深刻的社会改变的种种建议都是不可能的和空想的那些人们，都把那来自获得的习惯的对改变的抗拒和那些来自人类本性的对改变的抗拒混淆起来。生活在原始社会中的野蛮人比文明人是更接近于"自然人"的。文明本身便是人性的改变之结果。但是甚至野蛮人亦为改变其本性的——大堆的部落风俗和传统信仰所束缚；使他变为一个文明人所以如此困难者，亦即由于这些获得的习惯。

在另一方面，过激主义者忽视根深蒂固的习惯之势力。依我的看法，他的关于人性的无限制的可塑性的看法是正确的。但是他认为欲望、信仰和目标的范型没有一种力量，像已被推动的物质对象的原动力，和像同一对象在静止时的惰性或对运动的抗拒力，他的这种想法是错误的。习惯（不是人类的本性），维持事物在最多的时候运动着，如同其在过去运动的那样。

如果人性是不变的，那么，就根本不要教育了，一切教育的努力都注定要失败了。因为教育的意义的本身就在改变人性以形成那些异于朴质的人性的思

维、情感、欲望和信仰的新方式。如果人性是不可变的，我们可能有训练，但不可能有教育。因为训练与教育不同，仅是某些技能的获得。本性上的才能可训练到一个更高效率的程度，而并无新的态度和倾向的发展，但后者正是教育的目标。不过，这种训练的结果是机械的。这正像一个音乐家可能通过练习以获得更大的技术能力，但他不能从音乐欣赏和创作的某一境界提高到另一境界。

所以人性不变的理论是在一切可能的学说中最令人沮丧的和最悲观的一种学说。如果逻辑地贯彻它，它将意味着个人的发展在其出生时即已预先决定的一种学说，其武断性将赛过最武断的神学的学说。因为依照这种学说，人们在出生时是怎样的，以后亦是怎样的，我们对此不能有所作为，我们所能为者，亦不能超过像体操教练对于个人固有筋肉系统所给予的那种训练。如果一个人生来即有罪犯的倾向，他将变为罪犯并将继续做罪犯；如果一个人生来即有过多的贪欲，他将变为靠牺牲他人的掠夺活动以谋生的人，其他可以类推。我并不怀疑自然禀赋上的种种差异之存在。我还要提出疑问的是这些差异注定了个人表现的确定方向之观念。把铁锯齿做成丝线袋，确是困难的。但是一种音乐的自然禀赋所表现的特殊形式则依赖于其所感受的社会影响。如果贝多芬生在一个野蛮的部落中，他无疑地将是一个卓越的音乐家，但他将不是一个写交响乐的贝多芬。

在世界史上的某时某地，存在着差不多一切可想象的各种社会制度的这一事实，即是人性的可塑性的证明。这个事实并不证明这些不同的社会制度在物质上、道德上和文化上有同等的价值。只需要最粗略的观察，便知不是如此的。但是证明人性的可变性的这一事实指示我们对于社会改变的种种建议应采取的态度。主要问题是这些建议在特殊情况下是否为可欲的。解答这个问题的方法是试图发现什么是它们的结果，如果它们被采纳，如果结论是它们所欲的，进一步的问题是怎样能在最少的浪费、破坏与不必要的脱节的条件下去实现它们。

为了求得这个问题的答案，我们应考虑到现存的传统和风俗的力量；应考虑到已存在的行为和信仰的种种范型。我们应找出有些什么已在起作用的势力能予以加强，使其走向可欲的改变，并找出怎样能逐渐削弱那些反抗改变的情况。诸如此类的问题可根据事实和理性去考虑。

认为所建议的改变由于人性的确定组织而是不可能的这种主张，使人们的注意从一个改变是否可以的问题转移到改变将怎样对现的问题。它把问题投诸

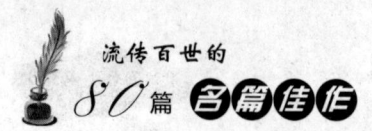

情感和兽力的角逐场中。结果，它鼓励那些人设想那些伟大的改变可仓促产生之，并可用暴力产生之。

当我们的关于人性和人生关系的种种科学之发展能略如我们的关于物质的自然的种种科学之发展时，它们的主要的关怀将是怎样能最有效地改变人性。问题将不在人性是否能改变，而在它在目前的情况下应怎样被改变。这个问题最后是最广义的教育问题。

所以，凡是压制和歪曲那些能在最少的浪费的条件下改变人类倾向的教育过程的东西，会助长那些使社会陷于僵局的势力，并从而鼓励人们用暴力作为社会改变的工具。

图 书 馆

〔印度〕泰戈尔

　　泰戈尔（1865—1941），印度作家、诗人和社会活动家。主要作品有诗集《新月集》《飞鸟集》《园丁集》，长篇小说《沉船》等。1913年获诺贝尔文学奖。

　　谁如果锁住茫茫大海千百年的惊涛骇浪，使之像甜睡的婴儿一样悄无声息，那么，这静穆的海浪可以说是图书馆最贴切的比喻。图书馆里，语言是静寂的，流水是凝滞的，人类不朽的灵性之光，被乌黑字母的链子捆绑，投入纸页的大牢。无法预料它们什么时候突然举行暴动，打破死寂，焚毁字母的栅栏，冲到外面，好似喜马拉雅山头上覆盖的冰川中拘禁着滔滔洪水，图书馆里也仿佛围堵着人心的江河。

　　人用电线禁锢电流，可有谁知道人把"声音"关在"静默"里！有谁知道人把歌曲、心中的希冀、清醒的灵魂的欢呼、神奇的天籁包在纸里！有谁知道人把"昔日"囚禁于"今日"！有谁知道人仅用一本本书在深不可测的岁月的海面上就架起了一座壮丽的桥梁！

　　进入图书馆，我们伫立在千百条道路的交叉点上。有的路通往无边的海洋，有的路通往延绵的山脉，有的路向幽深的心底伸展。不管你朝哪个方向奔跑，都不会遇到障碍。在这小小的地方，软禁着人的自我解放。

　　如同海螺里听得见海啸，你在图书馆听见哪种心脏的跳动？这里，生者与死者同居一室；这里，辩护与反驳形影不离，如孪生兄弟；这里，猜忌与坚信，探索与发现身子挨着身子；这里，老寿星与短命人耐心而安宁地度日，谁也不歧视谁。

　　人的声音飞越河流、山峦、海洋，抵达图书馆。这声音是从亿万年的边缘传来的呵！来吧，这里在演奏着光的生辰

之歌。

最早发现天堂的传人对聚集在四周的人说："你们全是天堂的儿子，你们身居仙境。"伟人洪亮的声音变成各种文字，袅袅飘过千年，在图书馆里回响。

我们在孟加拉的原野上难道没有什么需要表达的吗？我们不能为人类社会送去一则喜讯？在世界大合唱里，唯独孟加拉保持沉默？

我们脚边的沧海没有什么话对我们倾吐？我们的恒河不曾从喜马拉雅山携未盖拉莎的仙曲？我们头上没有无垠的蓝天？天幕上繁星书写的无穷岁月的灿烂文字被人抹掉了？

过去，现在，国内，国外，每天给我们送来人类各民族的许多信函。我们只能在两三份蹩脚的英文报纸上发表文章作为答复？其他国家在无限时空的背景上镌刻自己的名字，孟加拉人的姓名只配写在申请书的副本上？人的灵魂同可憎的命运展开搏斗，世界各地吹响的号角呼唤着战士，我们却成天为菜园里竹架上悬吊的葫芦打官司、上诉？

沉默了许多年之后，孟加拉大地的生命已经充实了。让它用自己的语言讲述抱负吧，融合了孟加拉人的心声，世界之歌将更加动听！

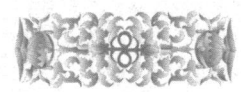 

呼吸英雄的气息

〔法国〕罗曼·罗兰

我们周围的空气多沉重。老大的欧罗巴在重浊与腐败的气氛中昏迷不醒。鄙俗的物质主义镇压着思想，阻挠着政府与个人的行动。社会在乖巧卑下的自私自利中窒息而死，人类喘不过气来。——打开窗子罢！让自由的空气重新进来！呼吸一下英雄们的气息。

人生是苦难的。在不甘于平庸凡俗的人，那是一场无尽无休的斗争，往往是悲惨的，没有光华的，没有幸福的，在孤独与静寂中展开的斗争。贫穷，日常的烦虑，沉重与愚蠢的劳作，压在他们身上，无益地消耗着他们的精力，没有希望，没有一道欢乐之光，大多数还彼此隔离着，连对患难中的弟兄们一援手的安慰都没有，他们不知道彼此的存在。他们只能依靠自己；可是有时连最强的人都难免在苦难中蹉跌。他们求助，求一个朋友。

为了援助他们，我才在他们周围集合一些英雄的友人，一些为了善而受苦的伟大的心灵。这些"名人传"不是向野心家的骄傲申诉的，而是献给受难者的。并且实际上谁又不是受难者呢？让我们把神圣的苦痛的油膏，献给苦痛的人罢！我们在战斗中不是孤军。世界的黑暗，受着神光烛照。即是今日，在我们近旁，我们也看到闪耀着两朵最纯洁的火焰，正义与自由：毕加大佐和蒲尔民族。即使他们不曾把浓密的黑暗一扫而空，至少他们在一闪之下已给我们指点了大路。跟着他们走吧，跟着那些散在各个国家、各个时代、孤

罗曼·罗兰(1866—1944)，法国小说家、戏剧家。生于一个银行小职员家庭。在巴黎考入师范学校，毕业后去罗马的考古学校攻读研究生，回国后取得博士学位，在巴黎大学讲授艺术史。由于他支持反法西斯、反侵略的斗争，二战期间，纳粹焚烧他的书籍并禁止学校使用他的作品。他的小说代表作是十卷长篇《约翰·克利斯朵夫》和7册的《母与子》。他还创作了21部剧本，较重要的有《群狼》《爱与死的较量》等。其他方面的著作有《贝多芬的伟大创作时期》《旅伴》《十五年》等。1916年获诺贝尔文学奖。

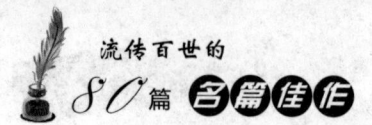

独奋斗的人走吧。让我们来摧毁时间的阻隔，使英雄的种族再生。

我称为英雄的，并非以思想或强力称雄的人；而只是靠心灵而伟大的人。好似他们之中最伟大的一个，就是我们要叙述他的生涯的人所说的："除了仁慈以外，我不承认还有什么优越的标记。"没有伟大的品格，就没有伟大的人，甚至也没有伟大的艺术家，伟大的行动者；所有的只是些空虚的偶像，匹配下贱的群众：时间会把他们一齐摧毁。成败又有什么相干？主要是成为伟大，而非显得伟大。

这些传记中人的生涯，几乎都是一种长期的受难。或是悲惨的命运，把他们的灵魂在肉体与精神的苦难中磨折，在贫穷与疾病的铁砧上锻炼；或是，目击同胞受着无名的羞辱与劫难，而生活为之戕害，内心为之破裂，他们永远过着磨难的日子：他们固然由于毅力而成为伟大，可是也由于灾患而成为伟大。所以不幸的人啊！切勿过于怨叹，人类中最优秀的和你们同在。汲取他们的勇气做我们的养料吧！倘使我们太弱，就把我们的头枕在他们膝上休息一会罢。他们会安慰我们。在这些神圣的心灵中，有一股清明的力和强烈的慈爱，像激流一般飞涌出来。甚至无须探询他们的作品或倾听他们的声音，就在他们的眼里，他们的行述里，即可看到生命从没像处于患难时的那么伟大，那么丰满，那么幸福。

在此英勇的队伍内，我把首席给予坚强与纯洁的贝多芬。他在痛苦中间即曾祝愿他的榜样能支持别的受难者，"但愿不幸的人，看到一个与他同样不幸的遭难者，不顾自然的阻碍，竭尽所能地成为一个不愧为人的人，而能借以自慰"。经过了多少年超人的斗争与努力，克服了他的苦难，完成了他所谓"向可怜的人类吹嘘勇气"的大业之后，这位胜利的普罗曼德，回答一个向他提及上帝的朋友时说道："噢，人啊，你当自助！"

我们对他这句豪语应当有所感悟。依着他的先例，我们应当重新鼓起对生命对人类的信仰！

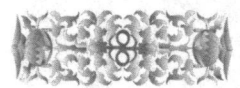
子规的画

〔日本〕夏目漱石

我只有一张子规的画。为了纪念亡友，我长时间地把它放在袋子里。随着时间的流逝，有时简直时常忘记它的所在。近来忽然记起，觉得这样放置，若有个搬迁挪移之事，稍一不慎，便不知会散失在什么地方。所以想立刻把它送到裱糊店里，裱一裱悬挂起来。抽出包装纸袋，掸去灰尘，打开一看，画还是按原来的样子，潮乎乎地叠作四折，放在那儿。在我的记忆中，袋子里除了画以外，什么都没有。可是，竟还从中发现了子规的几封信。我从中选出最后那封和另一封不知年月的短信。在两封信中间夹上那张画，把三者归拢到一块儿拿去裱褙。

画，是插在小花瓶中的关东菊。构图是极其简单的，旁边还加了注解："把它看作行将枯萎的吧；把这笨拙的画技，看成疾病所致吧；如觉得我是在撒谎，你就支着胳膊肘画画试试吧。"从这个注解来看，他自己并不觉得他的作品很好。子规在画好这幅画的时候，我已经不在东京了。他是给这幅画题了一首歌寄来熊本的："瓶生关东菊，菊花行将萎；君今在他国，不知何日归。"

此画挂在墙壁上，看上去实在令人感到寂寥。花、茎、叶和玻璃瓶，仅仅使用了三种颜色。开花的枝上，只有两个花蕾，数一数叶子，总共才有九片。这孤寂的花草，笼罩在一片白色里，再加上周围是用冷蓝色画绢裱褙的，无论怎样看，也让你觉得心里冷冰冰的吃不消。

夏目漱石(1867—1916)，日本作家。生于东京一小官吏家庭。1893年毕业于东京帝国大学英文科，1900年赴英留学。1907年起任《朝日新闻》特邀记者，成为职业作家。主要作品有《我是猫》《哥儿》《三四郎》《其后》《门》《过了春分时节》《行人》《路边草》等。他的小说具有鲜明的批判性，艺术形式新颖，人物心理描写细腻，文字精练，在日本近代文学史上占有重要地位。

　　看来，子规为画这幅简单的花草，是不惜巨大努力的。仅仅三枝花，至少费了五六个小时的时间。画得极其仔细，一丝不苟。费这么大的劲儿，不仅病中需要极大的耐心，即使以他那作俳句、和歌时挥洒自如的性情来讲，也是个明显的矛盾。盖因他学画画之初，从不折等人那里听到画画必先写生的道理时，他便在这一花一草上，打算加以实践。不知他在画画方面，是忘记了使用他的俳句上已经谙练了的方法呢，还是缺乏这方面的本领。

　　由关东菊所代表的子规的画，既古拙又认真。在文笔上，凭才力他是可以一气呵成的。可是一接触到画具，却忽然变得呆滞僵硬起来，笔锋畏畏缩缩，踟蹰不前。想到这里，我不禁微笑了。当虚子来看到这幅画时，他曾表扬说，正冈的画，这不是画得很好吗？我却不以为然。这画画得是那么单调而平凡，且又付出了那么多的时间和劳动；凭正冈的头脑和才气，干这心余力绌而又用不着干的工作，从而泛溢着他那掩抑不住的古拙。其画虽古拙，却有其朴实稳重之妙，古拙而苍劲，严肃而认真。正象征着其为人之刚耿和愚直。如果说子规的画虽拙犹美，使人钦羡不厌，也许其奥秘就在于此吧。然而，毕竟由于他腕下缺乏挥洒自如之巧，手中无运笔传神之妙；不能下笔点睛，迅即勾画出幽香雅境来，因此，不得不舍弃捷径，而苦心孤诣地搞他的涂抹主义了。在这种情况下，一个"拙"手，对他来说，是怎么也难免的。

　　子规作为人，又作为文学家，是十分机敏的。在他的身上，很难发现"拙"的痕迹。在我和他交际多年的任何时候，从未记得他曾有过因"拙"而被人讥笑的先例。甚至连一瞬间都没有过。在他死后即将十年的今天，从他特地为我画的一束关东菊中，确实欣赏到了他的"拙"相来。其结果，不论使我失笑，还是悦服，对我来说，都是有极大的兴趣的。只是这画却是异常冷落孤寂，凄寒袭人。如有可能，真想让子规为补偿这一冷落孤寂，把这一"拙"劲儿，发挥得更雄浑些。

海燕之歌

〔苏联〕高尔基

在苍茫的大海上，狂风卷集着乌云。在乌云和大海之间，海燕像黑色的闪电，在高傲的飞翔。

一会儿翅膀碰着波浪，一会儿箭一般地直冲向乌云，它叫喊着，——就在这鸟儿勇敢的叫喊声里，乌云听出了欢乐。

在这叫喊声里——充满着对暴风雨的渴望！在这叫喊声里，乌云听出了愤怒的力量、热情的火焰和胜利的信心。

海鸥在暴风雨来临之前呻吟着，——呻吟着，它们在大海上飞窜，想把自己对暴风雨的恐惧，掩藏到大海深处。

海鸭也在呻吟着，——它们这些海鸭啊，享受不了生活的战斗的欢乐：轰隆隆的雷声就把它们吓坏了。

蠢笨的企鹅，胆怯地把肥胖的身体躲藏到悬崖底下……只有那高傲的海燕，勇敢地，自由自在的，在泛起白沫的大海上飞翔！

乌云越来越暗，越来越低，向海面直压下来，而波浪一边歌唱，一边冲向高空，去迎接那雷声。

雷声轰响。波浪在愤怒的飞沫中呼叫，跟狂风争鸣。看吧，狂风紧紧抱起一层层巨浪，恶狠狠地把它们甩到悬崖上，把这些大块的翡翠摔成尘雾和碎末。

海燕叫喊着，飞翔着，像黑色的闪电，箭一般地穿过乌云，翅膀掠起波浪的飞沫。

看吧，它飞舞着，像个精灵，——高傲的、黑色的暴风雨的精灵，——它在大笑，它又在号叫……它笑些乌云，它

高尔基（1868—1936），原名阿列克塞·马克西莫维奇·彼什科夫，也叫斯克列夫茨基，苏联伟大的无产阶级作家，列宁说他是"无产阶级艺术最伟大的代表者"，社会主义、现实主义文学奠基人，无产阶级革命文学导师，苏联文学的创始人。

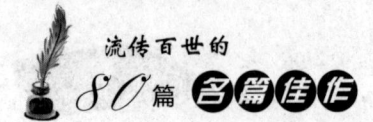
因为欢乐而号叫！

这个敏感的精灵，——它从雷声的震怒里，早就听出了困乏，它深信，乌云遮不住太阳，——是的，遮不住的！

狂风吼叫……雷声轰响……

一堆堆乌云，像青色的火焰，在无底在大海上燃烧。大海抓住闪电的箭光，把它们熄灭在自己的深渊里。这些闪电的影子，活像一条条火蛇，在大海里蜿蜒游动，一晃就消失了。

——暴风雨！暴风雨就要来啦！

这是勇敢的海燕，在怒吼的大海上，在闪电中间，高傲的飞翔；这是胜利的预言家在叫喊：

——让暴风雨来得更猛烈些吧！

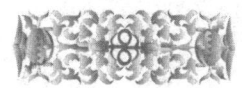

禅的生命

〔日本〕铃木大拙

禅的真谛是生命的真谛，生命就是生活、运动、行动，而不只是禅思。禅的发展就是奉行禅的真谛，生活在禅的真谛里，而不是用语言、用思想证明和阐释，难道这不是最自然的吗？在生命的真实生活中，没有逻辑，因为生命超越了逻辑。我们幻想逻辑影响着生命，事实上，人并不像我们想象的那种理性生命，当然他会推理，但是他并不纯粹奉行推理的结果。还有超越推理的东西。我们称之为冲动、本能或意志。意志的一举一动就是禅，但是，假如有人问我，禅是否是意志的哲学，我最好三思，不作肯定的答复。如果要阐释禅，就应动态地阐释，而非静态地阐释。我举起手，就是禅。但是，当我说我举起了手，禅就消失了。当我设想某种意志的存在，禅也消失了。并不是说断言或设想是错误的，而是说，当他们说的时候，那称为禅的东西就相去三千里了。只有当一种断言本身是行动，不提及任何断言，它才是禅。指着月亮的手指不是禅，但是，当我们冥思那手指，浑然超脱了外部的联系，那就是禅。

生命在时间的画布上勾画自己；时间从不重现，一旦消逝，便永远消逝；行动亦然，一旦完成，便永不毁灭。生命是一幅水墨画，一次画完，便永远完成了，没有犹豫，没有理性，一切修改都不允许、不可能。生命不像一幅油画，可以擦掉，反复地画，直到艺术家满意为止。在水墨画中，画笔的每一划，一旦重复，就会留下污点，生命就飘然远去了；

铃木大拙(1870—1966)，日本佛教学者。著有《大乘佛教概论》《禅与念佛心理学的基础》等，并有多种汉文典籍英译本。

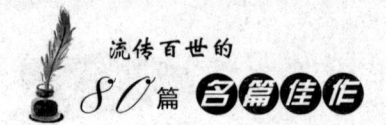
墨汁一干，所有的修改便暴露无遗。生命亦然。我们的所作所为，覆水难收，流经意识的东西，永远也擦不掉。某物正流逝的时候，我们才能了悟禅，既非过去，亦非未来。那是一瞬间的活动。传说中，达摩离开的时候，问他的徒弟们怎样理解禅，正好有一个尼姑在场，她答道："就像阿难窥见阿婆佛的王国，一次窥见，永不再现。"禅师们生动地描绘了生命那瞬息即逝、永不再现、难以理喻的特征，他们把禅比作闪电光、击石火。

禅师们求助直率方法的思想就是，抓住那正在飞逝的飞逝的生命，不在飞逝之后追寻。生命飞逝的时候，没有时间去唤醒回忆、苦思冥想。一切推理在此都是无益的。或许可以使用语言，但是，语言和思想的联系太深远了，已丧失了自己的率真和生命。一旦使用语言，就表现着意义和推理；它们代表某种身外之物；它们失落了与生命的直接联系，只是一种消失的回声或幻象。所以，禅师们常常回避那种逻辑明了的表达或陈述。他们的旨趣就是，让信徒专注于他希望抓住的东西，断绝那些遥远的、容易骚扰他的尘事。当我们试图在陀罗尼、在惊叹或毫无意义的一串声音里寻觅意义的时候，我们就远离了禅的真谛。我们应该洞悉那生命之泉的思想，一切语言都发源于此。枝条的摇曳、"啊！"的哭喊、踢动的球都应该这样理解，即，它们是生命最直接的明证，不，它们是生命本身。直率的方法并不永远是生命力的激烈表现，它是身体轻轻的一动，是响应一种呼唤，是倾听潺缓的溪流，倾听小鸟的鸣叫，是生命在生活中最平凡的表现。

有人问灵云："佛未出世时如何？"他竖起拂子。"佛出世后如何？"他仍竖起拂子。许多禅师都偏爱竖起拂子，演示禅的真谛。我曾经说过，拂子和禅杖是禅师们的宗教宝杖，和尚提问时，它们自然会受到青睐。一天，黄蘖希运升坛讲法，当和尚们都聚齐了，禅师便操起禅杖，把他们赶将出去。和尚们正要跑光时，他又叫住他们，他们回首静候。禅师说："月似弯弓，少雨多风。"禅师就是这样利用禅杖的，但是谁会想到，一根手杖会成为一种工具，去阐释宗教里最深刻的真谛？

赵州是极敏捷的禅师，他的反驳极简洁，他的《语录》全是锋芒，然而，他也擅长直接的方法。一天他上坛就座，一个和尚走出队列，向他鞠躬。赵州并不等和尚行完礼，就叉起双手，算是道别。百丈惟政的方法有些不同。他对和尚们说："你给我垦田，我给你说禅的大义。"和尚们垦田完毕，回到禅师

那里，想听他说禅的大义，禅师只伸出双臂，一言不发。

一个和尚到监官齐安国师那里，想知道什么是舍那身佛的原身。禅师让他把水罐递过来，他照做了。禅师说："把它放回原地。"和尚虔诚地遵命，但禅师没告诉他什么是佛的原身，他再问："谁是佛？"禅师答道："古佛早已逝去了！"这样，在禅师的指导下，和尚奉行着直接的方法，不幸的是，徒弟的心境仍未成熟，不能了悟他自己那"直接方法"的意义，哎，他就听任"古佛"逝去了！

道吾圆智是药山的徒弟，石霜庆诸问他："大师仙逝后，有人问禅的大义，何以对答？"禅师不答，只叫小和尚，小和尚应声而来。禅帅说："灌满水缸，"然后沉默良久。他问石霜庆诸："你刚才问我什么？"石霜庆诸再问，禅师于是从座上站起，离开了房间。

就像有些禅师所说的那样，禅是我们的"平常心"，那就是说，禅不是超自然的，不是神奇的，不是高度的思辨，没有超越我们的日常生活。瞌睡的时候，你就醋睡；饥饿的时候，你就吃饭，就像空中的飞禽、田野的百合，"不要忧虑你的生活，该吃什么，该喝什么：不要忧虑你的身体，该穿什么。"这就是禅的灵魂。

龙潭崇信侍从禅师，是禅师的私人随从。在禅师那里待了一段时间后，一天他对禅师说："我来此后，你一直没有对我传授心的禅思。"禅师答道："你来此后，我总是向你指示心的禅思。""怎样禅思，师父？""当你奉上一杯茶，难道我没有接受？当你端上食物，难道我没有享受？当你向我叩首，难道我没有答礼？我何时忘了给你训示？"龙潭崇信低头半晌，禅师告诫他："想看，就径直看；你一味苦想，禅便浑然地消失了。"

道吾圆智和云岩昙晟侍立在药山禅师身边，药山说："我们的智力不能抵达的地方，切忌谈论；你一旦谈论，则头生角。哦，圆智，这你如何说呢？"圆智便站起来，走出去。云岩问禅师："智师兄为什么不回答师父？"药山说："我今日背痛，去问他，他理会。"云岩就来问圆智师兄："哦，师兄，你适才为什么不回答禅师？""你最好回去问禅师自己。"这就是可怜的云岩从他师兄那里得到的答复。

禅师们还喜欢另一种活动，那就是呼唤提问者或其他人。南阳忠国师三唤侍从和尚，和尚三次应诺。禅师说："我还以为我辜负你，却是你辜负我。"

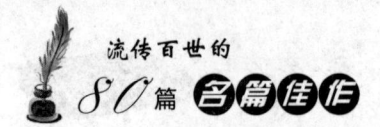

在麻谷和良遂之间，这种呼唤和应诺也是三次，最后，麻谷骂道："这笨蛋！"

从下面的例子可以看出，禅师们常常实行呼应的手法。一个朝廷的达官召唤云居道膺，问道："听说世尊有密语，迦叶没有覆藏，这密主语是什么？"禅师呼唤道："哦，尊贵的长官！"这官员便应诺。"理会了吗？"禅师问。"不会，尊敬的大师。"他随口答道。"你若不理会，便有密语，你若理会，迦叶便昭然若揭。"

斐休出任州官之前是一个地方官。一次，他参拜本地佛寺。他在佛寺内闲逛，看到一幅神态逼真的壁画，于是问侍从僧人，那是谁的画像。"是一高僧。"他们答道。斐休转身问道："这若是他的画像，高僧本人在哪里？"他们全不知如何对答。他又问，此地有无禅师。他们答道："近来佛寺有一新来者，为我们干奴仆的活，极像禅宗和尚。"那人被传到斐休面前，斐休立刻就说："我有一问，希望得到点悟，但是这里的僧人不愿回答。能请你替他们回答吗？""我恭听您的问题。"那和尚谦逊地恳请。斐休复述其问，于是，和尚响亮而爽朗地唤道："哦，斐休！"斐休立即应诺："这里，大师！""那高僧现在在何处？"和尚盘问道。这打开了斐休的眼睛，他看见了和尚反问的意义，在此他窥见了第一个问题的答案。

沩山和仰山的例子智性更高，也比这种呼应更易领会。仰山是沩山的大弟子，此宗的特征就是，禅师和弟子共演禅的真谛。他们曾经外出摘茶。禅师对仰山说："终日摘茶，只听见你的声音，不见你的形体，请现本形相见。"仰山震撼茶树。沩山说："你只得其用，未得其体。"仰山说："不知师父如何？"禅师沉默良久，于是，仰山说："哦，师父，你只得其体，未得其用。""饶你二十棒，"禅师最后说。在佛教本体论中，前面提到的三个概念是有区别的：体或形、相，用或动。"形"相当于存在，"相"相当于形式，"用"相当于力。佛教哲学家认为，每一个实体都可分为这三种概念。但是，第二个概念"相"有时融入了"存在"或"形"。无"用"，则万象不存在，"用"也不能没有"形"。佛教哲学家认为，这两种思想对于我们理解宇宙，是不可分离的。但是，沩山和仰山不是玄学家，他们不会争论这个问题。一人撼茶树，一人默然静立。我们不能说，我们可以用哲学阐释那静立和撼树就是禅，但是，从他们关于"形"和"用"的对话中，从他们的直接方法中，我们可以采撷到一点禅。

直接的方法一直到这里也没有任何激烈的特征，比如，身体的伤害或令人

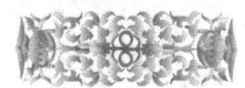

心惊的打击，但是，如果禅师们认为有必要粗暴地震摇那些弟子，他们也毫不内疚。临济就以他直率而锐利的方法闻名；他的剑锋直刺对手的心里。定和尚是他的弟子，他问临济禅师何为佛法要义，临济从草垫上直奔下来，抓住和尚，以掌击之，然后放他走。定和尚呆呆地站着，不知如何领会整个过程，这时，站在身旁的一个和尚责怪他不向禅师叩首。这时，定和尚猛然醒悟了禅的真谛。后来他从桥上经过，碰巧遇到三个佛徒，其中一个问定和尚："禅的河流虽深，其底必然可测，此意如何？"临济的弟子定和尚立刻抓住提问者，要把他扔到桥下，这时，他的两个朋友上前说情，请求定和尚饶恕那冒犯的人。定和尚放了佛徒，说："他的朋友若不求情，我会让他立刻去探测河底。"对于这些人，禅不是玩笑，不是纯粹的思想游戏，相反，禅是极严肃的，为了禅，他们会以生命作赌。

临济是黄檗的弟子，在禅师门下的时候，他没有获得什么禅的特殊教诲；他问禅师何为佛法要旨，遭到了黄檗的棒打。正是这些棒打，使临济睁开眼睛，看见了禅的无上真谛，他叹道："原来黄檗的佛法不过如此！"日本的临济宗仍然保持着佛教禅宗的严酷和活力，这一切都源于黄檗温和击打他那可怜弟子的三棒。事实上，一棒或一踢里的真谛，远远超出了啰嗦的逻辑论文。总而言之，一旦有谁要求禅师们演示禅，他们会认真得要死。让我们看看下面的例子。

邓隐峰推着土车，碰巧看见他的禅师马大士把脚伸在稍远的路上。他说："请您收足？"大师答道："已伸之足永不再收。"如此，邓隐峰说："已进之车不退。"于是，推车碾过，大师的脚受伤。后来，马大士回到法堂，手持一柄斧，对聚在那里的众和尚说："适才碾伤老僧脚的人出来。"于是，邓隐峰来到大师面前，引颈受斧，大师没有砍下徒弟的头，悄悄放下了斧子。

邓隐峰甘愿献出生命，以重申他行为的真谛，大师因此受伤。对此的模仿和提倡风行一时，于是，马大士想弄清楚邓隐峰对禅的领会是否真诚。攸关之际，大师毫不犹豫地作出了牺牲。在南泉迁化的例子中，一只小猫被杀；仰山砸碎了镜子；一个禅的女信徒梵烧了一整幢房子；另一个女信徒将她的婴儿扔到了河里。后者只是偏激之举，也许只是禅宗史上的唯一记载。上述的次要例子对于禅师们是充分的，也是理所当然的。

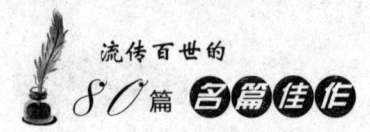

论老之将至

〔英国〕罗　素

伯特朗·罗素（1872—1970），20世纪声誉卓著、影响深远的思想家之一。在其漫长的一生中，完成了40余部著作，涉及哲学、数学、科学、伦理学、社会学、教育、历史、宗教以及政治等各个方面。对西方哲学产生了深刻影响。

虽然有这样一个标题，这篇文章真正要谈的却是怎样才能不老。在我这个年纪，这实在是一个至关重要的问题。我的第一个忠告是，要仔细选择你的祖先。尽管我的双亲皆属早逝，但是考虑到我的其他祖先，我的选择还是很不错的。是的，我的外祖父六十七岁时去世，正值盛年，可是另外三位祖父辈的亲人都活到八十岁以上。至于稍远些的亲戚，我只发现一位没能长寿的，他死于一种现已罕见的病症：被杀头。我的曾祖母是吉本的朋友，她活到九十二岁高龄，一直到死，她始终是让子孙们全都感到敬畏的人。我的外祖母，一辈子生了十个孩子，活了九个，还有一个早年夭折，此外还有过多次流产。可是守寡之后，她马上就致力于妇女的高等教育事业。她是格顿学院的创办人之一，力图使妇女进入医疗行业。她总好讲起她在意大利遇到过的一位面容悲哀的老年绅士。她询问他忧郁的缘故，他说他刚刚失去了两个孙子。"天哪！"她叫道，"我有七十二个孙儿孙女，如果我每天失去一个就要悲伤不止，那我就没法活了！""奇怪的母亲。"他回答说。但是，作为她的七十二个孙儿孙女的一员，我却要说我更喜欢她的见地。上了八十岁，她开始感到有些难于入睡，她便经常在午夜时分至凌晨三时这段时间里阅读科普方面的书籍。我想她根本就没有工夫去留意她在衰老。我认为，这就是保持年轻的最佳方法。如果你的兴趣和活动既广泛又浓烈，而且你又能从中感到自己仍然精力旺盛，

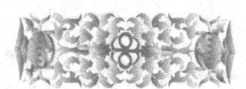 

那么你就不必去考虑你已经活了多少年这种纯粹的统计学情况，更不必去考虑你那也许不很长久的未来。

至于健康，由于我这一生几乎从未患过病，也就没有什么有益的忠告。我吃喝皆随心所欲，醒不了的时候就睡觉。我做事情从不以它是否有益健康为根据，尽管实际上我喜欢做的事情通常是有益健康的。

从心理角度讲，老年需防止两种危险。一是过分沉湎于往事。人不能生活在回忆当中，不能生活在对美好的往昔的怀念或对去世的友人的哀念之中。一个人应当把心思放在未来，放到需要自己去做点什么的事情上。要做到这一点并非轻而易举，往事的影响总是在不断地增加。人们总好认为自己过去的情感要比现在强烈得多，头脑也比现在敏锐。假如真的如此，就该忘掉它；而如果可以忘掉它，那你自以为是的情况就可能并不是真的。

另一件应当避免的事是依恋年轻人，期望从他们的勃勃生气中获取力量。子女们长大成人之后，都想按照自己的意愿生活。如果你还像他们年幼时那样关心他们，你就会成为他们的包袱，除非他们是异常迟钝的人。我不是说不应该关心子女，而是说这种关心应该是含蓄的，假如可能的话，还应是宽厚的，而不应该过分地感情用事。动物的幼子一旦自立，大动物就不再关心它们了。人类则因其幼年时期较长而难以做到这一点。

我认为，对于那些具有强烈的爱好、其活动又都恰当适宜、并且不受个人情感影响的人们，成功地度过老年绝非难事。只有在这个范围里，长寿才真正有益；只有在这个范围里，源于经验的智慧才能不受压制地得到运用。告诫已经成人的孩子别犯错误是没有用处的，因为一来他们不会相信你，二来错误原本就是教育所必不可少的要素之一。但是，如果你是那种受个人情感支配的人，你就会感到，不把心思都放在子女和孙儿女身上，你就会觉得生活很空虚。假如事实确是如此，那么当你还能为他们提供物质上的帮助，譬如支援他们一笔钱或者为他们编织毛线外套的时候，你就必须明白，绝不要期望他们会因为你的陪伴而感到快活。

有些老人因害怕死亡而苦恼。年轻人害怕死亡是可以理解的。有些年轻人担心他们会在战斗中丧生。一想到会失去生活能够给予他们的种种美好事物，他们就感到痛苦。这种担心并不是无缘无故的，也是情有可原的。但是，对于一位经历了人世的悲欢、履行了个人职责的老人，害怕死亡就有些可怜且可耻了。

克服这种恐惧的最好办法是——至少我是这样看的——逐渐扩大你的兴趣范围并使其不受个人情感的影响，直至包围自我的围墙一点一点地离开你，而你的生活则越来越融合于大家的生活之中。每一个人的生活都应该像河水一样——开始是细小的，被限制在狭窄的两岸之间，然后热烈地冲过巨石、滑下瀑布。渐渐地，河道变宽了，河岸扩展了，河水流得更平稳了。最后，河水流入了海洋，不再有明显的间断或停顿，而后便毫无痛苦地摆脱了自身的存在。能够这样理解自己的一生的老人，将不会因害怕死亡而痛苦，因为他所珍爱的一切都将继续存在下去。而且，如果随着精力的衰退，疲倦之感日渐增加，长眠并非是不受欢迎的念头。我渴望死于尚能劳作之时，同时知道他人将继续我所未竟的事业，我大可因为已经尽了自己之所能而感到安慰。

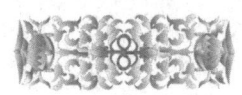
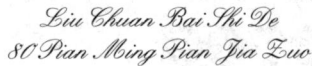
少年中国说

〔中国〕梁启超

梁启超（1873—1929），字卓如、任甫，号任公、饮冰子，别署饮冰室主人，广东新会人，中国近代思想家、政治活动家、学者、政治评论家、戊戌变法领袖之一、清华大学国学院四大导师之首（其余三人为王国维、陈寅恪、赵元任）。

日本人之称我中国也，一则曰老大帝国，再则曰老大帝国。是语也，盖袭译欧西人之言也。呜呼！我中国其果老大矣乎？梁启超曰：恶！是何言，是何言，吾心目中有一少年中国在！

欲言国之老少，请先言人之老少。老年人常思既往，少年人常思将来。惟思既往也，故生留恋心；惟思将来也，故生希望心。惟留恋也，故保守；惟希望也，故进取。惟保守也，故永旧；惟进取也，故日新。惟思既往也，事事皆其所已经者，故惟知照例；惟思将来也，事事皆其所未经者，故常敢破格。老年人常多忧虑，少年人常好行乐。惟多忧也，故灰心；惟行乐也，故盛气。惟灰心也，故怯懦；惟盛气也，故豪壮。惟怯懦也，故苟且；惟豪壮也，故冒险。惟苟且也，故能灭世界；惟冒险也，故能造世界。老年人常厌事，少年人常喜事。惟厌事也，故常觉一切事无可为者；惟好事也，故常觉一切事无不可为者。老年人如夕照，少年人如朝阳；老年人如瘠牛，少年人如乳虎；老年人如僧，少年人如侠；老年人如字典，少年人如戏文；老年人如鸦片烟，少年人如泼兰地酒；老年人如别行星之陨石，少年人如大洋海之珊瑚岛；老年人如埃及沙漠之金字塔，少年人如西伯利亚之铁路；老年人如秋后之柳，少年人如春前之草；老年人如死海之潴为泽，少年人如长江之初发源。此老年与少年性格不同之大略也。梁启超曰：人固有之，国亦宜然。

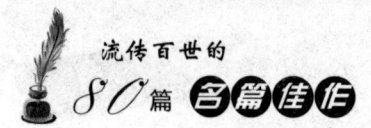

梁启超曰：伤哉老大也。浔阳江头琵琶妇，当明月绕船，枫叶瑟瑟，衾寒于铁，似梦非梦之时，追想洛阳尘中春花秋月之佳趣。西宫南内，白发宫娥，一灯如穗，三五对坐，谈开元、天宝间遗事，谱霓裳羽衣曲。青门种瓜人，左对孺人，顾弄孺子，忆侯门似海珠履杂遝之盛事。拿破仑之流于厄蔑，阿剌飞之幽于锡兰，与三两监守吏或过访之好事者，道当年短刀匹马，驰骋中原，席卷欧洲，血战海楼，一声叱咤，万国震恐之丰功伟烈，初而拍案，继而抚髀，终而揽镜。呜呼，面皱齿尽，白头盈把，颓然老矣！若是者，舍幽郁之外无心事，舍悲惨之外无天地，舍颓唐之外无日月，舍叹息之外无音声，舍待死之外无事业。美人豪杰且然，而况于寻常碌碌者耶！生平亲友，皆在墟墓，起居饮食，待命于人，今日且过，遑知他日，今年且过，遑恤明年。普天下灰心短气之事，未有甚于老大者。于此人也，而欲望以拏云之手段，回天之事功，挟山超海之意气，能乎不能？

呜呼，我中国其果老大矣乎？立乎今日，以指畴昔，唐虞三代，若何之郅治；秦皇汉武，若何之雄杰；汉唐来之文学，若何之隆盛；康乾间之武功，若何之烜赫！历史家所铺叙，词章家所讴歌，何一非我国民少年时代良辰美景、赏心乐事之陈迹哉！而今颓然老矣，昨日割五城，明日割十城；处处雀鼠尽，夜夜鸡犬惊；十八省之土地财产，已为人怀中之肉；四百兆之父兄子弟，已为人注籍之奴。岂所谓老大嫁作商人妇者耶？呜呼！凭君莫话当年事，憔悴韶光不忍看。楚囚相对，岌岌顾影；人命危浅，朝不虑夕。国为待死之国，一国之民为待死之民，万事付之奈何，一切凭人作弄，亦何足怪！

梁启超曰：我中国其果老大矣乎？是今日全地球之一大问题也。如其老大也，则是中国为过去之国，即地球上昔本有此国，而今渐渐灭，他日之命运殆将尽也。如其非老大也，则是中国为未来之国，即地球上昔未现此国，而今渐发达，他日之前程且方长也。欲断今日之中国为老大耶，为少年耶？则不可不先明"国"字之意义。夫国也者，何物也？有土地，有人民，以居于其土地之人民，而治其所居之土地之事，自制法律而自守之；有主权，有服从，人人皆主权者，人人皆服从者。夫如是，斯谓之完全成立之国。地球上之有完全成立之国也，自百年以来也。完全成立者，壮年之事也；未能完全成立而渐进于完全成立者，少年之事也。故吾得一言以断之曰：欧洲列邦在今日为壮年国，而我中国在今日为少年国。

夫古昔之中国者，虽有国之名，而未成国之形也，或为家族之国，或为酋

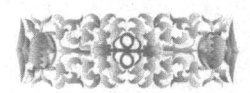 
长之国，或为诸侯封建之国，或为一王专制之国。虽种类不一，要之，其于国家之体质也，有其一部而缺其一部，正如婴儿自胚胎以迄成童，其身体之一二官支，先行长成，此外则全体虽粗具，然未能得其用也。故唐虞以前为胚胎时代，殷周之际为乳哺时代，由孔子而来至于今为童子时代，逐渐发达，而今乃始将入成童以上少年之界焉。其长成所以若是之迟者，则历代之民贼有窒其生机者也。譬犹童年多病，转类老态，或且疑其死期之将至焉，而不知皆由未完全、未成立也，非过去之谓，而未来之谓也。

且我中国畴昔，岂尝有国家哉？不过有朝廷耳。我黄帝子孙，聚族而居，立于此地球之上者既数千年，而问其国之为何名，则无有也。夫所谓唐、虞、夏、商、周、秦、汉、魏、晋、宋、齐、梁、陈、隋、唐、宋、元、明、清者，则皆朝名耳。朝也者，一家之私产也；国也者，人民之公产也。朝有朝之老少，国有国之老少，朝与国既异物，则不能以朝之老少而指为国之老少明矣。文、武、成、康，周朝之少年时代也；幽、厉、桓、赧，则其老年时代也；高、文、景、武，汉朝之少年时代也；元、平、桓、灵，则其老年时代也。自余历朝，莫不有之。凡此者，谓为一朝廷之老也则可，谓为一国之老也则不可。一朝廷之老且死，犹一人之老且死也，于吾所谓中国者何与焉？然则吾中国者，前此尚未出现于世界，而今乃始萌芽云尔。天地大矣，前途辽矣，美哉，我少年中国乎！

玛志尼者，意大利三杰之魁也，以国事被罪，逃窜异邦，乃创立一会，名曰"少年意大利"。举国志士，云涌雾集以应之，卒乃光复旧物，使意大利为欧洲之一雄邦。夫意大利者，欧洲第一之老大国也，自罗马亡后，土地隶于教皇，政权归于奥国，殆所谓老而濒于死者矣。而得一玛志尼，且能举全国而少年之，况我中国之实为少年时代者耶？堂堂四百余州之国土，凛凛四百余兆之国民，岂遂无一玛志尼其人者！

龚自珍氏之集有诗一章，题曰《能令公少年行》。吾尝爱读之，而有味乎其用意之所存。我国民而自谓其国之老大也，斯果老大矣；我国民而自知其国之少年也，斯乃少年矣。西谚有之曰：有三岁之翁，有百岁之童。然则国之老少，又无定形，而实随国民之心力以为消长者也。吾见乎玛志尼之能令国少年也，吾又见乎我国之官吏士民能令国老大也，吾为此惧。夫以如此壮丽浓郁、翩翩绝世之少年中国，而使欧西、日本人谓我为老大者何也？则以握国权者皆老朽之人也。非哦几十年八股，非写几十年白折，非当几十年差，非捱几十年

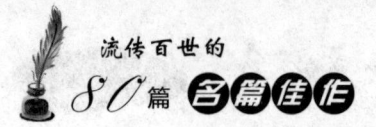

俸，非递几十年手本，非唱几十年诺，非磕几十年头，非请几十年安，则必不能得一官，进一职。其内任卿贰以上、外任监司以上者，百人之中，其五官不备者，殆九十六七人也，非眼盲，则耳聋，非手颤，则足跛，否则半身不遂也。彼其一身饮食、步履、视听、言语，尚且不能自了，须三四人在左右扶之捉之，乃能度日，于此而乃欲责之以国事，是何异立无数木偶而使之治天下也。且彼辈者，自其少壮之时，既已不知亚细、欧罗为何处地方，汉祖、唐宗是那朝皇帝，犹嫌其顽钝腐败之未臻其极，又必搓磨之、陶冶之，待其脑髓已涸，血管已塞，气息奄奄，与鬼为邻之时，然后将我二万里山河，四万万人命，一举而畀于其手。呜呼！老大帝国，诚哉其老大也！而彼辈者，积其数十年之八股、白折、当差、捱俸、手本、唱喏、磕头、请安，千辛万苦，千苦万辛，乃始得此红顶花翎之服色，中堂大人之名号，乃出其全副精神，竭其毕生力量，以保持之。如彼乞儿，拾金一锭，虽轰雷盘旋其顶上，而两手犹紧抱其荷包，他事非所顾也，非所知也，非所闻也。于此而告之以亡国也，瓜分也，彼乌从而听之？乌从而信之？即使果亡矣，果分矣，而吾今年既七十矣八十矣，但求其一两年内，洋人不来，强盗不起，我已快活过了一世矣。若不得已，则割三头两省之土地奉申贺敬，以换我几个衙门；卖三几百万之人民作仆为奴，以赎我一条老命，有何不可？有何难办？呜呼，今之所谓老后、老臣、老将、老吏者，其修身、齐家、治国、平天下之手段，皆具于是矣。西风一夜催人老，凋尽朱颜白尽头。使走无常当医生，携催命符以祝寿。嗟乎痛哉！以此为国，是安得不老且死，且吾恐其未及岁而殇也。

梁启超曰：造成今日之老大中国者，则中国老朽之冤业也；制出将来之少年中国者，则中国少年之责任也。彼老朽者何足道，彼与此世界作别之日不远矣，而我少年乃新来而与世界为缘。如僦屋者然，彼明日将迁居他方，而我今日始入此室处，将迁居者，不爱护其窗枢，不洁治其庭庑，俗人恒情，亦何足怪。若我少年者前程浩浩，后顾茫茫，中国而为牛、为马、为奴、为隶，则烹脔鞭箠之惨酷，惟我少年当之；中国如称霸宇内、主盟地球，则指挥顾盼之尊荣，惟我少年享之。于彼气息奄奄、与鬼为邻者何与焉？彼而漠然置之，犹可言也；我而漠然置之，不可言也。使举国之少年而果为少年也，则吾中国为未来之国，其进步未可量也；使举国之少年而亦为老大也，则吾中国为过去之国，其澌亡可翘足而待也。故今日之责任，不在他人，而全在我少年。少年智则国智，少

年富则国富，少年强则国强，少年独立则国独立，少年自由则国自由，少年进步则国进步，少年胜于欧洲，则国胜于欧洲，少年雄于地球，则国雄于地球。红日初升，其道大光；河出伏流，一泻汪洋；潜龙腾渊，鳞爪飞扬；乳虎啸谷，百兽震惶；鹰隼试翼，风尘吸张；奇花初胎，矞矞皇皇；干将发硎，有作其芒；天戴其苍，地履其黄；纵有千古，横有八荒；前途似海，来日方长。美哉，我少年中国，与天不老！壮哉，我中国少年，与国无疆！

　　"三十功名尘与土，八千里路云和月。莫等闲白了少年头，空悲切！"此岳武穆《满江红》词句也，作者自六岁时即口受记忆，至今喜诵之不衰。自今以往，弃"哀时客"之名，更自名曰"少年中国之少年"。

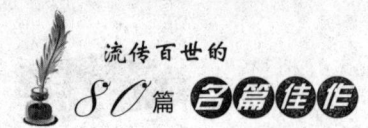
神 奇 感

〔英国〕毛 姆

毛 姆（1874—1965），英国小说家、剧作家。作品以文体明晰朴素，取材广阔，对人性有透彻的理解为特点。毛姆曾取得医生开业资格，后弃医从文。年轻时周游世界，1920年到过中国。他以百余篇短篇小说和长篇小说《人间的枷锁》《月亮和六便士》《大吃大喝》和《刀锋》而广为人知。

　　一整天我都在沿江而下。张骞曾追溯过这条河的源头，他行驶无数日之后，才到达一个城镇；他看见那儿有一个年轻女子在织布，一个青年正牵着一头牛到河边饮水。他问这是什么地方，少女将手中的织梭朝他扔去，叫他拿回去问星象家严君平（西汉隐士），便会明白到了何处。他果然这样做了，君平立即认出那是织女的织梭，并进而声称，他在张骞手接织梭那天的同一个时辰，看见一颗星宿犯位，闯进了织女星与牵牛星之间。于是，张骞才明白自己已经上溯到银河尽头了。

　　自然，我没有行驶那么远。整整七天，我雇的五个划桨手站在船舷边不停地划桨，此刻我的耳边还仿佛听见桨柄支在木桨架上发出的咯吱咯吱的单调声音。船不时经过浅水河面，擦着河床的石头轧轧作响，船身也在晃动。这时两三个桨手把毛蓝裤管直卷到臀部，从船舷翻身下水，吆喝着把平底船掀过浅滩。

　　有时我们驶到激流要津，这虽然比不上长江里的惊涛骇浪，但河水湍急，需要召唤纤夫来拖这帆船。我们一齐下船，帆船在叫喊震天的号子声中突破激流，又进入风平浪静的河面。

　　现在夜深人静，我雇的船夫一齐挤在我们黄昏停泊后才收拾出来的前舱里，呼呼沉睡。竹席搭在三根木拱上便构成了我一周来的起居室和卧室。一端用假型板封住，木板草草

拼上，板间漏出大条大条的缝隙，吹进嗖嗖的寒风。另一端是船夫住的地方，这些健壮的粗汉，白天划桨不停，晚上呼呼大睡；掌舵人也在其中，他从早到晚站在一条当作舵的长桨旁边，穿一件褴褛的蓝布长衫，套上一件褪色的灰布棉衣，头上缠一条黑布帕。除了床，我的舱室内空无一物，一只像是盛汤用的浅钵里燃着木炭，因为天很冷；一只装着我的衣物的箱子当了我的桌子，一盏马灯悬在拱木上，随着水的晃动轻轻摇曳。船舱顶篷很低，连我这样个头不高的人都只能勉强直起身。（我以培根的话自慰，高人同高屋一样，头顶常遭殃。）沉睡的人中有一个开始更加大声地打鼾，大概是吵醒了旁人，我听见说话的声音，但很快又归于安静，打鼾的也停了，我周围又陷入一片寂静。

这时我突然感到，我一向追求的神奇气氛就在面前，几乎逼近我的身躯。这是我从来没有过的体验，像是艺术给人的特殊魅力，但这种离奇的感觉只可意会，完全没法言传。

我一生中常常遇到离奇的情境，要是见到的话，我认为是十分奇妙的；但只在回顾之际，将它们与我认为的神奇事物相比，才会显得不同寻常。那纯粹靠想象力，仿佛自己是旁观者才能感到别人认为神奇的情境的神奇所在。当我和一位倾国倾城的女演员跳过舞，或穿过了挤满伦敦名流的大厅之后，我才会意识到，那也许是了不起的经历。在战斗中，当我不处于巨大的危险，我可以津津有味地观察周围的事态；我不会无动于衷，冷眼旁观。我曾在月光皎洁的夜晚，向太平洋面的珊瑚岛驶去，那景色的美妙使我心旷神怡，但只有到后来，喜悦之情才会同神奇之感携起手来。在纽约一家旅馆的卧室里，我听见它的羽翼拍打过，我同六七个人围桌坐着，筹划恢复一个古老的王国，一百年来她受的屈辱激励着诗人和爱国志士；但我的基本感受却是莫名其妙的愉悦，尽管大战期间，我发现自己干的事竟然与初衷大相径庭。真正使我感到神奇的境遇，别人会认为没有多少神奇可言。我记得那是一天晚上，我在法国布列塔尼海边的一间茅屋里打纸牌，隔壁房里一个老渔夫奄奄待毙，女主人说他会随着潮退而断气。屋外下着暴风雨，狂风扑打着窗户，这位在海上饱经风霜的老斗士的最后时刻似乎与此番情景相宜。巨浪冲向岩石，撞击出雷鸣般的轰响。我忽然感到一阵狂喜，明白那便是神奇感。

而现在，同样的狂喜攫住了我，神奇感又一次活灵活现地出现在我眼前。来得如此突然，真叫我迷惑不解。我不知道它是从马灯投在竹顶篷上的阴影里

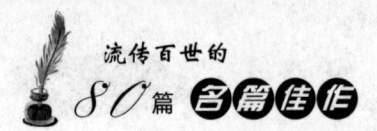
爬出来的呢，或是从船舱敞口可以瞥见的河面上飘过来的？我好奇地走到船尾，想弄明白这不可言喻的欢乐是什么造成的。沿岸停泊着六七条木船，桅杆高耸，表明它们是上水船。每条船里都静悄悄的。船夫已入睡很久了。夜并不漆黑，尽管天上有云，却是满月之夜，只不过罩上朦胧月色的河面显得有些阴森。对岸的迷雾模糊了岸上的树木。这的确是一幅令人销魂的夜色，但并没有什么值得惊奇的，也不存在我所探索的东西。我折身回舱。等我进入竹篷舱内，造成那一切显得非凡离奇的魅力消失了。唉，我太痴，为了探索蝴蝶的美的所在，竟然将它撕成了碎片。不过像摩西领受上帝旨意，然后带着满面欣喜从西奈山缓步而下，我仍然感到我的船舱、盛炭火的浅钵、那盏马灯，甚至包括我的行军床，都还残留着一丝欢愉。我不可能以完全不同的眼光看待它们了，因为我曾在一瞬之间体验到它们的神奇。

论作家的人生哲学

〔美国〕杰克·伦敦

终生只想制作粗制滥造作品的文学巨匠，不要读这篇文章，因为他只是白白地浪费了时间，又破坏了自己的情绪。这篇文章不包括怎样编排手稿，怎样加工素材这样的建议；也不包括对编辑的大笔的任意所为，对副词与形容词变化的评价加以分析。不可救药的"多产作家们"，此文不是为你们写的！文章是给有理想的作家（即使他目前只写出了很平庸的作品），是给追求真正的艺术，并幻想着他不必再向农业报纸，或《家庭》杂志登门求告的时刻的作家用的。

亲爱的先生、太太、小姐，在您选中的部门里，您取得了什么成就？是天才吗？原来您并不是天才。如果您是天才，便不要读此文。天才把一切桎梏和偏见抛到一边，不能控制他，不能令其顺从。天才，像我和您一样，不在每一片树丛中飞来飞去。也许您是有才华的人？当然，这也可能。当赫拉克勒斯还在襁褓时，他的二头肌也细得可怜。您也是这样：你的才华还没有得到发展。假如它得到适当的营养，它就会像样地成长起来，您便不会因读此文而浪费了时间。如果您真的相信您的才华已经成熟，那时便放下它，不要再读下去！如果您认为它还没有达到这一水平，那么，在您看来，要通过怎样的方法才能达到呢？

要作一个有独创性的人，您不假思索地回答道，尔后又添加道：逐渐地发展自己的独创性。好极了。但是问题并不在于作一个有独创性的人——这连黄口小儿也懂得，——而

杰克·伦敦（1876—1916），美国作家。著有自传体小说《马丁·伊登》等。此篇论述作家在哲学思想上的修养曾深刻地影响他在文学上的独创性。

在于怎样成为一个有独创性的人。怎样唤起读者对您的作品的强烈兴趣，而使出版商极想得到它？亦步亦趋地跟在别人——哪怕是最有才华的人的后边，反射着别人独创性的光芒，也不能成为有独创性的人。要知道，任何人也没有为瓦尔特·司各特和狄更斯、为埃德加·坡和朗费罗、为乔治·艾略特和亨弗利·华尔德夫人、为斯蒂文森和吉卜林、安东尼·贺普、玛丽·高瑞利、斯蒂文·克莱恩以及许多其他作家——名单可以无限延长——铺平道路。出版商和读者直到如今还闹嚷嚷地要他们的书。他们达到了独创性。为什么？就是因为他们不像随风转动的无思无虑的顺风旗。他们的起点也就是那些和他们一起而终为败北者的起点，他们所得到的遗产也是那个世界，以及那些平淡无奇的传统。但是他们同败北者的区别只有一个，就是：他们抛弃了别人使用过的材料，而直接从源泉汲取。他们不相信别人的结论、别人权威性的意见。他们认为，必须在自己经手的事业上打上自己个人的烙印——标志要比作者的权力重要得多。他们从世界及其传统（换言之——从人类的文化和知识）汲取为建立自己的人生哲学所必需的材料，就像从直接源泉汲取一样。

至于"人生哲学"这一用语，还没有准备的定义。首先人生哲学不解决个别问题。它不特别集中注意这样的问题，诸如：过去和将来灵魂之受苦、不同的或共同的两性道德的规范、妇女的经济独立．性能遗传的可能性、招魂术、变异、对酒精饮料的看法等等，等等。不过它还是要研究这些问题，以及在生活道路上经常遇到的一切其他障碍，——这不是抽象的、脱离现实的，而是日常的、工作的人生哲学。

每一个获得持续成就的作家都有这样的哲学。这样的作家有特殊的、他个人独特的对事物的看法。他用一个尺度或一组尺度来衡量落入他的视野里的一切。根据这个哲学，他创造性格并做出某些概括。由于它，他的创作看来是健康的、真实的、新鲜的，显露出世界期待听取的新东西。这是他个人的，而不是被重新安排好的、老早就被咀嚼过的、全世界都已知晓的真理。

但是请谨防误会。掌握这种哲学完全不意味着从属于教育论。根据任何理由表达个人观点的才能，并不能成为用教训小说烦扰读者的依据；可是，也不禁止这样做。应当看到，作家的这个哲学很少表现为想让读者这样或那样地解决某个问题。只有不多的几个大作家才是公开进行教育的，同时，某些作家，如大胆而优美的罗伯特·路易斯·斯蒂文森，几乎完全把自己表现在创作中，

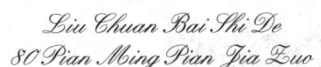
甚至回避对教训的暗示。许多人把自己的哲学当作秘密的工具。他们借助哲学形成了思想、情节、性格，在完美的作品里，它渗透在各个方面，却不显露出来。

必须懂得，这种工作的哲学，使作家不仅可以把自己，而且也可以把他审查过的和评定过的、通过他的"我"而反映出来的东西，写进自己的著作里去。以上谈到的，可以通过智力的巨人、著名的三巨头——莎士比亚、歌德、巴尔扎克的例证，特别鲜明地予以说明。他们各人是各人，以至不能把他们相互比较。每一个人从自己个人的仓库里、从自己的工作哲学中挖掘，又按照自己个人的理想创造自己的作品。非常可能，在刚一出生时，他们和一般的孩子没有什么两样，然而，他们从世界及其传统中学会了某种他们的同龄人没有学会的东西。而正是那个，是应当告诉给世界的。

而您呢，青年作家，您有什么要说的？如果有，又是什么使您不能说出来呢？如果您能够发表世界愿意听到的那些思想，您就像您所想的那样表现出来吧。如果您想得清楚，您也会写得清楚；如果您的思想有价值，您的文章也会有价值。但是如果您的叙述淡然无味，那是因为您的思想淡然无味；如果您的叙述很狭隘，那是因为您本身狭隘。如果您的思想不清楚和自相矛盾，难道可以期待表现得清楚吗？如果您的知识是贫乏和杂乱无章的，难道您的叙述会是流畅和合乎逻辑的吗？没有巩固的基础，没有工作的哲学，难道可以从混乱中造出秩序来？难道能够正确地理解和预见吗？难道可以确定您所拥有的那一点点知识的大小和相对价值吗？而没有这一切，难道您能够是您自己吗？难道您能给被操劳过度弄得疲惫不堪的世界带来什么新东西吗？

只有一个方法能够赢得这样的哲学——这就是探求的方法，从知识宝库、从世界文化中汲取材料，从而形成这一哲学的方法。当您还不理解作用于锅底的力时，您知道蒸汽的气泡是什么吗？当一个艺术家还没有形成关于欧洲历史和神话学的概念，还不懂得总的形成犹太人性格的不同特点——他的信仰和理想、他的热情和眷恋、他的希望和恐惧，难道能够画出《Ecce Homo》来吗？如果作曲家对伟大的古日耳曼史诗一无所知，他能创作出《瓦尔基利亚女神》来吗？这一切都和您有关——您必须学习。您应当学会带着观点观察生活。为了理解某个运动的性质和发展阶段，您应当知道那些促使个人和群众行动起来的动机，那些产生了伟大的思想并使之发挥作用，把约翰·布朗送上了绞刑架，把基督送到峨尔峨他（基督被钉死的地方）的动机。作家应当掌握生活的脉搏，而生

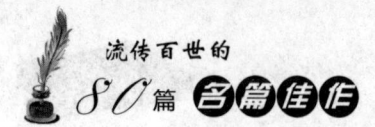
活便给他个人的工作哲学，借助于这种哲学，他本身便开始评价、衡量、对比，并向世界说明生活。正是这个个人的烙印、个人对事物的观点，被称之为个性。

从历史学、生物学，从学习进化论、伦理学，以及从1001种知识部门，您知道了些什么？您表示异议说："可是，我看不到，这一切怎么会帮助我写小说或长诗。"它毕竟会帮助您的。不是直接的，而是间接的影响。知识给您的思想以广阔天地，扩大您的视野，开拓您的活动范围。知识用自己的哲学武装您，这种哲学和其他任何一种哲学一样，将唤醒您独创性的思想。

"可是这项任务太庞大了，"您抗议说，"我没有时间。"然而它的规模并没有吓住别人。您可以生活很多很多年。当然，不能期望着您会懂得一切。然而正是根据您将掌握知识的程度，您的写作技巧和您对他人的影响才会不断地增长。时间！当谈到时间不够时，指的是不能有效地利用时间。您学会了正确的读书吗？在一年里您在多少本子庸的短篇和长篇小说上消耗了时间，或者企图研究短篇小说的写作艺术，或者锻炼自己的批评才能？您从头到尾读完了几本杂志？这就是您的时间，而您糊里糊涂地把它浪费掉了，而它不再回来。要学会精心地选择阅读材料，学会快速阅读，抓住主要的东西。您讥笑老年人昏聩糊涂，他们通读每天的报纸，包括广告。难道您逆着当代文学的洪流而拼命挣扎，就不那么可怜了吗？还是不要避开这一洪流。要读好一些的，只是好一些的书。不要怕放下已经开始还没读完的短篇小说。要记住，只有读别人的作品，您才能重新安排作品，否则，您本人就没有什么好写的。时间！如果您不去寻找时间，我向您担保，世界不会寻来时间听您使唤。

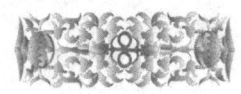
无知的乐趣

〔爱尔兰〕罗伯特·林德

同一个普通城里人到乡下散步，特别是在四五月里，不为他对事事无知感到惊奇是不可能的。一个人到乡下散步，不为自己对事事无知吃惊也是不可能的。成千上万的人浑浑噩噩地过了一生，分不出哪是榉树哪是榆树，也听不出画眉和山鸟的鸣声有什么不同。住在现代城市里的人能够分辨这两种啼声的大概是极其罕见的。这倒不是因为我们没有见过这两种鸟，而是因为我们从不去注意它们。我们同各种小鸟比邻而居，但我们的观察力却极其迟钝；很少人能说出苍头燕雀是否鸣啭，布谷鸟是什么颜色。有时候我们会像小孩儿似的争论不休：布谷鸟是不是总是在飞翔的时候，还是有时也栖在树枝上唱歌；查浦曼是凭借对大自然的观察，还是根据自己的想象写出下面两行诗句：

> 布谷在橡树的嫩枝上歌唱，
> 带给人们第一束明媚春光。

但我们的这种无知也决不完全是坏事。从无知中我们就会不断获得发现的喜悦。只要我们本来是懵懵懂懂的，每年春天大自然的各种现象就会带着清新的露珠呈现在我们眼前。如果我们活了半辈子还从未看见过布谷鸟，只知道它是一个飘逸游荡的声音，那么当我们第一次看见它由于自己干了坏事，急匆匆地从一个树丛逃到另一个树丛，或者当我们

罗伯特·林德（1879—1949），出生于英国爱尔兰，当过《新闻纪享报》的文学编辑，多年来为有影响的《新政治家》周刊以"Y. Y"为笔名撰写随笔。

113

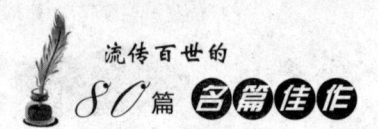
看见它在鼓足勇气、准备飞落到长满杉树、可能埋伏着复仇的敌人的山坡之前，像鹰一样悬在空中，长尾巴索索抖动着，我们一定会产生一种又惊又喜的感觉。不要认为生物学家在观察鸟类时就没有这种喜悦心情。两者的不同是：生物学家的欣喜是持续不断的，或许他的一生就是在这种恬静的孜孜探索中度过；而一个普通人某天早晨初次见到一只布谷鸟却喜出望外，仿佛天地都为之一新！

讲到喜悦之情如何产生，就连生物学家在某种程度上也有赖于无知，使他得以不断发现新大陆。书本上的知识他可能已经从 A 读到了 Z，但他还是要用自己的眼睛去印证一下每一个色彩绚烂的事实，不然他就仍然感到自己的知识只是半吊子。他要亲眼看一下雌布谷鸟——罕见的景象！——如何在地面上生蛋，然后再把蛋衔到巢中，哺育出一个杀婴犯。生物学家会手执一副望远镜日复一日地进行观察，为了证实或否定布谷鸟确实是把蛋生在地面上而不是窝里。而且即使他的运气好，碰巧看到了这种行踪极其诡秘的小鸟在下蛋，也还有许许多多其他有争议的问题有待他去克服。譬如说，布谷鸟的蛋同它投放在某个巢内的其他鸟儿的蛋颜色是否相同呢？科学家们显然不必为他们失去的无知悲叹。如果说他们似乎已经无所不知，那也只是因为我们几乎一无所知。在他们揭露出的每个现象后面，永远都有一个神秘的无知的宝库等待着他们去挖掘。他们永远也不会知道赛壬海妖唱给尤利西斯听的是什么歌；在这一点上，他们同托马斯·布朗爵士没有什么两样。

我举了布谷鸟的例子来说明一般人的无知，决不是因为我对这种鸟可以发表权威性的见解，只是因为有一次我走过一个教区，见到那里几乎簇集了非洲的所有布谷鸟。我突然发现自己，或者我随便遇到的任何一个人对这种鸟是多么孤陋寡闻。但你我的愚昧无知决不仅限于布谷鸟一件事上。宇宙万物，从太阳、月亮直到各种花卉的名字，我们都不甚了了。有一次我听到一个聪明的女人问别人，新月是不是总在每月的同一天出现。后来她又添了一句：不知道也好，因为如果弄不清月亮什么时候出现在天空的某个方位，抬头望到，就会给人一种惊喜的感觉。但是，却认为，就是对那些熟悉月亮升落时间表的人来说，新月也总令人感到惊异。春天的来临，百花争艳，情况也与此相同。我们非常熟悉花卉每年开放的时间，知道樱草总是在三四月开花，而不是十月，因此，当我们看到一株季节未到就开花的樱草，也会有喜出望外之感。我们还都知道，苹果树开花总在结果之前，但如果我们在五月里一天晴朗的假日到一个果园去

走一遭，还是会惊奇不已的。

　　每年春天重新熟悉一下各种花草的名字也会给人以特殊的乐趣，这就像重读一本印象已经模糊的书一样。蒙田曾说，他的记忆力极坏，读旧书也总像读新书一样津津有味。我自己的记忆力也很不可靠，任什么都记不牢，所以我可以反复读《哈姆雷特》、《匹克威克外传》，就像读一个作家的带着油墨气味的新著一样。我读完任何一本书，都有许多事再也记不起来，只好下次再重读。记忆力不好有时候会叫人非常痛苦，特别是对一个事事都讲求精确的人。但这是就那些生活除消闲自娱尚有重大目标的人而言。如果单从享受乐趣的观点看，认为记忆力不佳就一定不如记忆力强，实在是很可怀疑的。记忆力欠佳，一个人就可以翻来覆去读一辈子普卢塔克或者《一千零一夜》。一些细枝末节当然也可能留在最为健忘的人的脑子里，正像一群羊钻出篱笆不可能不留下几撮羊毛一样。可是整只整只羊却跑得一干二净。大作家也就是像羊这样跳出了一个记忆失灵的头脑，只留下点点滴滴的遗痕。

　　如果说连书读过了都会忘记，那么一年中的某个月份、这一月份曾经呈现给我们什么，一旦事过境迁就更容易遗忘了。在某个短暂时刻，我可以对自己说，我对五月了如指掌，就像能背熟九九表一样。五月份开什么花，花的形状、开放顺序……什么都考不住我。今天我还非常有把握地认为毛茛长着五个花瓣（也许是六个吧？上星期我还记得很清楚呢！），但明年我的计算就都生疏了。为了不把毛茛同白屈菜弄混，我可能不得不重新温习一遍。我将再一次用一个陌生人的眼睛重新观察一下外部世界这个大花园，五颜六色的大地会叫我惊讶得喘不过气来。我将犹疑不决，认为揭雨燕（一种形状像燕子但个子更大的黑色小鸟，它是蜂鸟的近亲）从来不在巢中栖息，夜间只飞到高空中，究竟是根据科学呢，还是出于无知？我还会再一次惊奇地发现，会唱歌的是雄性，而不是雌性的布谷鸟。我甚至还要再学习一次，不要把剪秋罗误认为野天竺葵，再重新发现在众多树木中，桦树发芽迟还是发芽早。一个外国人有一次问一位英国当代作家，英国主要的粮食作物是什么。这位作家毫不犹豫地回答："稞麦。"这种愤愤然的态度似乎不无某种不拘小节的宽宏豁达，但没有文化修养的人其无知程度就更不堪说了。使用电话的人很少知道电话机的原理。电话也罢，火车也罢，活字印刷、飞机也罢，人们都认为是理所当然的事物，正像我们的祖父对福音书上记载的奇迹从不怀疑一样。人们对日常事物既不深究，也不理解。

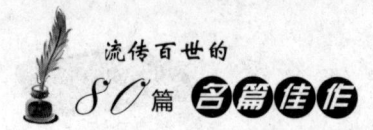

仿佛是每个人都只活动在一个小小的圈子里,他所熟悉的也只是限于这个小圈子里的东西。日常工作之外的知识,大多数人都看做是华而不实的装饰品。但尽管这样,无知还是经常刺激了我们,叫我们有所反应。我们有时候会悚然一惊,开始对某一事物思索起来。对不论是什么事进行思索,都会使我们心醉神驰。我们思考的可能是死后的归宿,也可能是一个据说曾经叫亚里士多德为难的问题:"为什么从中午到午夜打嚏喷是件好事,而从午夜到正午打嚏喷却预兆不幸?"我们所知道的人生最大乐趣之一,就是这样逃遁到无知中去寻找知识。无知的乐趣,归根结底,就在于探索问题的答案。一个人如果失去了这种乐趣,或者以武断的乐趣取代了它,也就是说,以能解答问题而沾沾自喜,他也就开始僵化了。像乔义特这种充满好奇心的人是很令人羡慕的,他在六十多岁的时候还坐下来孜孜研究动物生理学。我们大多数人早在他那个岁数之前就已失去无知的感觉了,甚至还为我们那点儿少得可怜的知识自鸣得意,认为年纪增长本身就意味着饱学博识。我们忘记了一件事:苏格拉底之所以被看做是个智者,并不是因为他什么都知道,而是因为他在七十岁的时候领悟到他还什么都不知道。

会说话的树

〔黎巴嫩〕艾敏·雷哈尼

在美国加利福尼亚的密林中，有许多参天古木。其粗大，其久远，都胜过黎巴嫩杉。有的巨树树干竟被凿穿成洞，车辆可以从中通行，难道这一点还不足以证明它们是多么惊人的粗大！要说古老，其证明莫过于在那片森林中有些树干竟有些石化。但是作为世界奇观的加利福尼亚的树木，它们也不过就是一些庞然大物，既没有什么奥秘引人探索，也没有什么意义供人叙述。它们确是大，确是老，然而却又聋又哑又不会生育；它们没有故事，也没有历史；没有一位先知在它们的阴影下生活过，也没有一位诗人对他们动过情、吟过诗。它们当年荫庇的只不过是原始人和林中兽，而他们却没有什么思想和情感播种在这些树木的四周。这些树木的巨大纯粹是物质的，它们的声誉所至，仅限本国土地，知其者也不过是些学者、游客而已。

而杉树和其他一些树，如穆斯林心目中的酸枣树、佛教徒心目中的菩提树，其中自有一种尊贵、伟大之处，这种尊贵、伟大是无形的，绝非物质。那杉树有一种声音，永不消逝，纵然树本身会死去。杉树是一种会说话的树，它，会将历史的秘密，还有人类心灵的秘密宣扬、倾诉。

你瞧！这些树竟有这样崇高的地位，以至于它们越粗大越古老就越壮丽，这究竟是何道理？人类把自己一些心灵和希望同泥土、阳光、水和空气混合在一起，这一切岂能是徒劳无益？

艾敏·雷哈尼（1879—1940），黎巴嫩作家，曾长期侨居美国。他对美国作了切近的观察与了解。在《会说话的树》中，他将加利福尼亚的参天树木与东方的酸枣树、菩提树，特别是杉树相比较，自然地表达了对祖国、对人民的热爱和怀念，阐述了自己对于自然与人生关系的看法。在《孔雀尾巴》一文中，作者根据他当时的情况对作家作了分类，有些作家孤芳自赏，脱离实际，受到了作者的嘲讽。

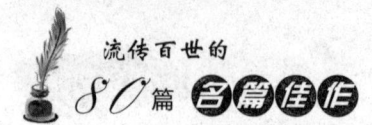
是什么使我们在杉树枝叶的窸窣中仿佛听到了历史的声音？在这些树的灵魂与那些诗人、信徒的灵魂之间究竟有什么神秘的关系？我并非在此故弄玄虚。我仿佛觉得信仰园圃中的一粒种子、爱的源泉中的一滴水，从人的手中、心里落到这种树的根旁，于是与它混合在一起，化为它的枝，成长；化为它的花，开放；化为它的果，结实；化为它的树脂，变成香烟袅袅升腾于天际。

爱将永世长存。那些受先知和诗人钟爱的树木具有永恒、崇高的灵魂。黎巴嫩杉正是这类树。它们与世长存，一派生机，它会说话，述说着大自然与人生的奥秘；它蕴涵着神性，也赋有人类精神方面的品质。

※ 巴勒贝克神庙是黎巴嫩著名古迹，位于黎巴嫩贝卡谷地外山麓，贝鲁特东北 80 多公里，海拔约 1160 米。"巴勒贝克"意为"太阳之域"。公元前 2000 多年腓尼基人崇拜太阳神巴勒修建这座神庙，使之成为祭祀中心。罗马帝国时的奥古斯都皇帝又在此雇佣 2 万名奴隶对神庙进行扩建，增修成一个庞大的宗教建筑群，里面供奉了万神之神朱庇特、酒神巴卡斯和爱神维纳斯。

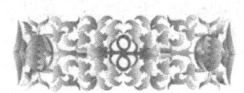
孔雀尾巴

〔黎巴嫩〕艾敏·雷哈尼

作家有三种：一种作家随身带着鼓和喇叭；一种作家随身带着书和明灯；还有一种作家则随身只有念头和想象。第一种作家的笔是金子做的；第二种作家的笔是苇管做的；第三种作家的笔则是刺猬的刺做的。第一种作家让读者欢欢喜喜；第二种作家对读者进行教育；第三种作家则只给读者带来一种类似孔雀尾巴的东西：他趾高气扬的时候，让人感到眼花缭乱，其实他的美不过是一种表象，只是五颜六色混在一起而显得色彩绚烂。

第一种人是从生活中获利；第二种人是要对生活进行改良；第三种人则是除了他自己，世上的一切都不放在他心上。他总是自己对自己搔首弄姿；自己为自己撰文写诗；自己向自己高谈阔论；自己跟着自己在晚会上走来走去，洋洋得意，不可一世；自己带着自己在镜子面前照来照去，甚至是站在两面镜子之间，以便从两面看到自己；然后发出两声感叹——他就是这种孔雀，可悲，可怜！

在文人墨客中，第一种人扛的是多数人的旗帜；第二种人举的是少数人的旗帜；而第三种人的旗帜则是他们的诗。一动笔，第一种人会说："你们，愿上帝保佑你们……"第二种人会说："我们，感谢上帝……"而第三种人则会说："至于我吗，啊，上帝，好极了……"第一种人会写出善的皮毛；第二种人会写出些善的精髓；而第三种人所有的只是他诗歌的想象——孔雀尾巴。

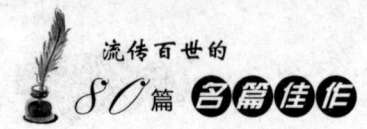

假如给我三天光明

〔美国〕海伦·凯勒

海伦·凯勒（1880—1968），美国聋盲女作家、社会活动家。幼年因病致残。虽然又盲又聋，她却在老师安妮·莎莉文的帮助下，以惊人的毅力努力学习，成为通晓英、法、德等5种语言文字的学者型作家。1902年发表第一部自传体著作《我生活的故事》。此后，又出版了《我生活的世界》《走出黑暗》《乐观》等书，在美国及整个欧洲产生了强烈的反响。1959年联合国发起"海伦·凯勒世界运动"，产生深远影响。

　　我们都曾读到过这样激动人心的故事：故事的主角能活下去的时间已经很有限了，有的可以长到一年，有的却只有24小时。对于这位面临死亡的人打算怎样度过这最后的时日，我们总是感到很有兴趣的——当然，我说的是可以有选择条件的自由人，而不是待处决的囚犯，那些人的活动范围是有限的。

　　这一类的故事使我们深思，我们会想到：如果我们自己也处于同样的地位，该怎么办？人都是要死的，在这最后时辰，应当做一点什么？体验点什么？和什么人往来？在回首往事的时候，什么使我们感到快乐？什么使我们感到遗憾呢？

　　我常想，如果每一个人在刚成年时都能突然聋盲几天，那对他叫能会是一种幸福。黑暗会使他更加懂得视力之可贵；寂静会教育他懂得声音的甜美。

　　我曾多次考察过我那些正常的朋友，想让他们体会到他们能看到些什么。最近，我有一位很要好的朋友来看我，她刚从森林里散步回来。我问她发现了什么。"没有什么特别的。"她回答。好在我对这类的回答已经习惯了，因为很久以来，我就深信正常的人所能看到的东西其实很少，否则，我是难以相信她的回答的。

　　我问我自己，在树林里走了一个小时，却没看到什么值得注意的东西，这难道可能么？我是个瞎子，但是我光凭触觉就能发现数以百计的有趣的东西。我能摸出树叶的精巧的

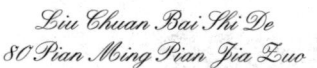
对称图形，我的手带着深情抚摸银桦的光润的细皮，或者松树的粗糙的凸凹不平的硬皮。在春天，我怀着希望抚摸树木的枝条，想找到一个芽蕾，那是大自然在冬眠之后苏醒的第一个征兆。我感觉到花朵美妙的丝绒般的质地，发现它惊人的螺旋形的排列——我又探索到大自然的一种奇妙之处。如果我幸运的话，在我把手轻轻地放在小树上时，还能偶然感到小鸟在枝头讴歌时所引起的欢乐的颤动。小溪的清凉的水从我撒开的指间流过，使我欣慰。松针或绵软的草叶铺成的葱茏的地毯比最豪华的波斯地毯还要可爱。春夏秋冬在我身边展开，这对我是一出无穷无尽的惊人的戏剧。这戏的动作是在我的指头上流过的。

我的心有时大喊大叫，想看到这一切。既然我单凭触觉就能获得这么多的快乐，视觉所能展示于人的，又会有多少！但是很显然，有视觉的人看见的东西却很少。他们对充满这大千世界的色彩、形象、动态所构成的广阔的画面习以为常，也许对到手的东西漠然置之，却在追求自己所没有的东西，是人之常情吧。但是，在有光明的世界里，视觉的天赋只是被当成一种方便，而不是当作让生命更加充实的手段，这毕竟是令人非常遗憾的事。

为了最好地说明问题，不妨让我设想一下，如果我能有，比如说，三天的光明，我最希望看到什么东西。在我设想的时候，你也不妨动动脑子，设想一下如果你也只能有三天光明，你打算看见些什么，如果你知道第三天的黄昏之后，太阳便再也不会为你升起的话，你将如何使用这宝贵的三天呢？你最渴望看见的东西是什么呢？

如果由于某种奇迹，我能获得三天光明，然后再回到黑暗中去的话，我将把这段时间分作三个部分。

在第一天，我将看看那些以他们的慈爱、温情和友谊使我值得活下去的人。首先我一定要长久地打量我亲爱的老师安妮·沙莉文。是她在我孩提时代来到我的身边，为我开启了外部世界的大门。我不但要细看她的面部的轮廓，让它存留在我的记忆里，而且要研究她那张面孔，找出生动的证据，说明她在完成对我的教育这项艰苦的任务时所表现出来的温和与耐性。我要从她的眼里看见她性格的力量，那力量使她坚强地面对困难。我还要看到她在我面前常常流露的对人类的同情。如何通过"灵魂的窗户"——眼睛看到朋友的心灵深处，我是不懂得的。我只能通过指尖探索到人们面部的轮廓。我能感到欢笑、悲伤和许多明显的感情。我是通过触摸他们的面部认识我的朋友的……

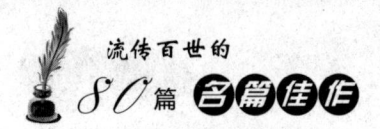

我很熟悉在我身边的朋友，因为成年累月的交往让他们把自己的各个侧面都呈现在我的面前。然而对于偶然结识的朋友，我却只有通过握手，通过指尖触摸他唇上的话语，和他们在我的掌心里的点划，得到一点不完全的印象。

你们有视力的人只需通过观察细微的表情：肌肉的震颤、手的动作，便能迅速地捕捉住另一个人的基本性格，那是多么轻松，多么方便啊！

但是，你曾想过用你的眼睛去深入观察朋友或熟人的内在性格没有呢？你们大部分有眼睛的人，对人家的面孔是不是经常只随意看到一点外部轮廓就放过去了呢？……

有视力的人对身边的日常事物很快就习以为常了。他们实际上只看到惊人的和特别触目的部分。而且就是在特别触目的景象面前，他们的眼睛也是懒惰的。每天的法庭记录都说明"证人"们的视力是多么的不准确。同一个事件有多少个"证人"，就会有多少个不同的印象。有的人比别的人看到的多一些，然而能把他们视觉范围内的东西全部看到的人却寥寥无几。

啊！如果我有三天光明，我能看到多少东西啊！

第一天我一定很忙，我要把我所有的亲爱的朋友请来，久久地观看他们的面孔，把体现他们内心美的外部特征深深地印在我的心上。我还要细看婴儿的面庞。我要观察在个体认识到矛盾之前的强烈的天真的美——那矛盾是随着生命的发展而发展的。

我还想观察我那几条忠心耿耿的狗——庄重、老练的小苏格兰、小黑，还有高大结实、善解人意的大丹麦狗赫耳加。它们曾以热烈、温柔和快活的友谊给了我极大的安慰。

在最忙的第一天，我也想去看一看家里的琐碎简单的事物。我想看看我脚下的地毯的温暖的色彩，看看墙上的画，看看那些我所熟悉的琐碎的东西。是它们把一所房屋变成了家的。我的眼睛会带着敬意停留在我所读过的凸文书籍上，但是我恐怕会对印刷出来给有眼睛的人读的书感到更加强烈的兴趣。因为在我的生命的漫长的黑夜之中，我所读过的书和别人为我"读"的书，已经构筑成了一座巨大的灿烂的灯塔，为我照亮了人的生命和精神的最深邃的航道。

在我有视力的第一天的下午，我要在树林里做一个漫长的散步。用大千世界的种种美景刺激我的眼帘。我要竭尽全力在几小时之内吸取那光辉广阔的场面——那对有视力的人永远展现的场面。在我从林间散步回来的路上，我走着

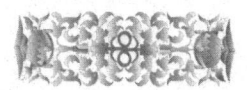
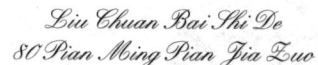
的小径会从田野旁经过，我可以看到温驯的马翻耕着土地（说不定只看到一部拖拉机！），也可以看到那些紧靠泥土生活的人们怡然自得的神情。我还要祈祷让我看到一个绚丽多彩的落日。

黄昏降临之后，我还会体察到一种双重的欢乐：我能借助人造的光明来看到世界，在大自然命令出现黑暗的时候，人类却凭自己的聪明才智创造出了光明，延长了自己的视力。

在我有光明的第一个晚上，我大概会睡不着觉，我心里一定会充满了对白天的丰富的回忆。

第二天——我有光明的第二天，我将和黎明同时起身，去观看那把黑夜变成白昼的令人惊心动魄的奇景。我要怀着敬畏的心情观看那宏伟浩瀚的、光华灿烂的景色，太阳就是用它唤醒了沉睡的地球的。

我要拿这一天迅速地纵观世界，观察它的过去和现在。我要看到人类进步的奇迹，看到万花筒一般的各个历史时代。我怎么能在一天之内看到这样众多的事物呢？当然得靠博物馆。我曾多次参观过纽约的自然历史博物馆。我曾用手触摸过那儿的展品。但是，我也曾希望用我的眼睛看见在那儿展出的地球和它的居民的简要历史：我要看到在自己的天然环境里生长的动物和不同人种的人；看到恐龙和乳齿象的庞大的骸骨，它们在个子矮小但脑力强大的人类征服动物界之前许久曾在大地上漫游。我还要看到有关动物、人类、人类的工具的生动实际的展览品。人类利用工具在地球上为自己开辟了安全的家园。我还要看到自然史上的一千零一个其他方面。

我不知道本文的读者中有多少人曾在那动人的博物馆里看到过各类生物的广阔画面。当然，有许多人没有这样的机会，但是我相信不少人虽有这样的机会却没有加以利用。博物馆的确是一个值得你参观的地方。你们可以在那儿多日流连，得到丰富的教益。但我却只有想象中的三天，因此只能匆匆地看过就离开。

下一站我要到大都会美术博物馆去。自然历史博物馆揭示了世界的物质面，美术博物馆则反映出了人类精神的千姿百态。在整个人类历史中，对于艺术表现的要求和对于吃、住、繁衍的要求一样强烈。在这儿，美术博物馆的宽大的展览室将通过古埃及、古希腊和古罗马的艺术展示出这些民族的精神世界。古尼罗河土地上的男女神灵的雕像，我的手指对它们是很熟悉的。我也曾触摸过

巴底农神庙的壁饰浮雕的复制品。我曾体会到冲锋陷阵的雅典勇士们有节奏的美。阿波罗、维纳斯和萨莫特雷斯的有翅膀的胜利女神雕像，都是我指头尖上的朋友。荷马那疙里疙瘩的有胡须的面庞使我感到分外亲切，因为他也懂得瞎了眼睛的痛苦。

我的指头曾在古罗马和后世的生动的大理石雕像上流连。我曾抚摸过米开朗琪罗的动人的英雄摩西的石膏像；我曾触摸到罗丹作品的气魄；我曾对哥德人的木雕所表现的虔诚肃然起敬。我能懂得这些能摸触到的艺术品，但是，它们本是用来看，而不是用来摸的。它们的美至今对我隐蔽着，我只能猜想。我能赞叹希腊花瓶的单纯的线条，但是它的形象装饰我却无法感受。

因此，在我有光明的第二天，我将通过观看人类的艺术去探索人类的灵魂。过去我凭触觉感受到的东西，现在我要用眼睛去看到了。更为绝妙的是整个绚丽的绘画世界——从带着平静的宗教献身精神的意大利原始绘画到具有狂热想象的当代绘画，都将在我面前呈现出夺目的光彩。我要深入地观看拉斐尔、达·芬奇、提香、伦勃朗的画。我要饱览维隆尼斯的温暖的色调，研究厄尔·格勒柯的神奇，把握珂罗笔下的大自然的新颖形象。啊，有视力的人们，在历代的艺术作品中，你们可以看到多么丰富的意义和美啊！

我在艺术殿堂的短暂的巡礼中所能看到的不过是向你们开放的艺术世界的很小的一部分。我只能获得一个浮光掠影的印象。艺术家们告诉我，要想深入、真切地欣赏艺术，必须训练视力；要通过经验衡量线条、构图、形体和色彩的优劣。如果我有视力，我将多么乐于从事这种迷人的研究啊！然而，我却听说，在你们许多有视力的人眼中，艺术的世界却是一片没有被探索、照亮的混沌。

我离开大都会美术博物馆时，一定十分留恋，那儿有通向美的钥匙——被那样地忽视了的美。不过，有视力的人们要寻求通向美的钥匙，并不一定要到大都会美术博物馆去。同样的钥匙在小型博物馆甚至在小型图书馆架上的书中也等待着他们。然而，在我所幻想的有限的有光明的时间里，我必须选择可以在最短的时间内打开最巨大的宝藏的钥匙。

在我有光明的第二天晚上，我要用来看戏或看电影。就是目前我也经常"看"各种戏剧表演。只是演出的动作得靠一个同伴拼写到我的手心里。我多么想用自己的眼睛看到身穿伊丽莎白时代丰富多彩的服饰的迷人的哈姆雷特或易于冲动的福斯泰夫啊！我会多么密切地注视着漂亮的哈姆雷特的每一个动作和粗壮

的福斯泰夫的每一个步伐！由于我只能看到一个剧，我难免会感到莫衷一是，因为我想看的剧有好几十个。你们有眼睛，愿看哪一个都可以，我不知道，你们有多少人在看戏、看电影或其他节目时曾经感觉到视力这个奇迹，并对它表示感谢？让你欣赏到演出的色彩、动作和美的正是它呢！

我在用手触摸的范围之外，便无法欣赏有节奏的动作。对于巴芙洛娃的娴雅优美，我只能模糊地想象，虽然我也懂得一点节奏的快感，因为我常在音乐震动地板时感到它的节拍。我很能想象节奏鲜明的动作一定会形成世界上最美妙的形象。我常用手指抚摸大理石雕像，依稀懂得一点这种道理。既然这种静止的美都如此可爱，那么，如果能看到运动中的美又会是多么令人销魂陶醉！

我最甜蜜的记忆之一是约瑟夫·杰弗逊在表演他心爱的李卜·范·温克尔的某些动作和台词时让我触摸了他的面孔和双手。那使我对戏剧的世界有了个朦胧的印象。当时我的快乐我将永远难忘。有视力的人们随着戏剧的开展所能看见和听到的交替出现的行动和语言，能给他们多少乐趣呵！可是啊，这种乐趣我却无法体会！我只需看到一次演出，以后便可以在心里想象出100个剧本的动作。这些剧本我曾读过或通过手语体会过。

因此，在我所想象的我有光明的第二天，戏剧文学的伟大形象将从我的眼里挤走全部的睡意。

第三天早上，我将再一次迎接黎明。我渴望获得新的美感，因为我深信，对于那些真正能看见的有视力的人来说，每一天的黎明都永远会显示出一种崭新的美。

这一天，按我所设想的奇迹的条件看来，已是我有光明的第三天，也就是最后一天了。要看的东西太多，我不会有时间感到遗憾或渴望的。第一天我用在有生命和无生命的朋友身上了；第二天向我展示了人类和自然的历史；今天，我要到忙于生活事务的人们的地方去看看当前的日常世界。还能有什么比纽约更纷纭繁复的地方么？纽约就是我的目的地。

我的家在森林里，坐落在长岛一个小巧幽静的郊区，那儿在葱茏的草地、树木和花朵之中，有整洁玲珑的住宅，有妇女们和孩子们的活动和欢笑。这是个平静的安乐窝，男人们在城里工作一天之后，便回到这里来。我从这里驱车出发驶过横跨东河的花边一样的钢架桥梁。我会得到一个令我赞叹的新印象，它向我显示出人类心灵的力量和聪明。河里船舶往来如织，轧轧地响着，有飞

速的快艇，也有喷着鼻息的没精打采的拖驳。如果我时间还很多的话，我要花许多时日来观察河上的有趣的活动。

我往前看，在我眼前升起的是纽约城千奇百怪的高楼大厦——好像是一座从童话中升起的城市。闪光的塔楼，巍然耸立的钢铁和石头的壁垒，多么叫人惊心动魄！——就是众神为自己修造的宫阙也不过如此！这一幅活跃的图画是数以百万计的人们日常生活的一部分。可是我不知道有多少人看过它第二眼？我估计人数很少。人们对这宏伟的景象是看不见的，因为对它太熟悉了。

我匆匆忙忙地登上一座巍峨的高楼——帝国大厦，因为不久前我曾在那里通过我的秘书的眼睛"看"到了脚下的城市。我急于要把我那时的想象和现在的实现相印证。我深信我对即将展现在我眼前的宏伟图景不会失望，因为它对于我来说是另一世界的幻象。

现在我开始周游这座城市了。首先，我要站在一个闹市的角落里，凝望着行人，不做别的事，我要从他们的眼神里看到他们生活的某些侧面。我看到微笑，便感到高兴；我看到坚强的决心，便感到骄傲，我看到痛苦，也不禁产生同情。

我沿着五号大街漫步，我要放眼纵观，不看个别的对象，只看那沸腾的、五彩缤纷的场面。我相信在人群中往来的妇女的服装，一定是万紫千红、色彩绚丽的，叫我永远也看不厌。但是如果我有视力的话，我也会像别的妇女一样，只对个别服装的式样和剪裁发生过多的兴趣，而忽略人群中的色彩的美艳。我还深信，我会流连于橱窗之间，久久不肯离开，因为展出在那儿的货品一定是琳琅满目，美不胜收的。

我离开五号大街，又去游览全城。我到公园大街去，到贫民窟去，到工厂去，到孩子们游玩的公园去。我去参观外国人的居住区，这是身在国内却又出国旅行的办法。为了深入探索，加强我对人们的工作和生活的理解，我将永远对一切快乐和痛苦的形象睁大我的双眼。人和事的种种形象将充满我的心。我的眼睛决不会把任何东西看得无足轻重而轻易放过。我的目光所到之处，都要探索和紧紧地把捉。有些场面欢乐，它使我的心也充满欢乐；但是也有痛苦的场面，痛苦得叫人伤感。对种种痛苦的场面，我绝不会闭上眼睛，因为那也是生活的一部分。对它闭上了眼睛，也就是闭上了心灵和思想。

我有光明的第三天快结束了。也许我还应当把剩下的几个小时做许多严肃的追求。但我担心在那最后的晚上，我又会跑到戏院去看一场欢笑谐谑的戏。

这样，我便能欣赏到人类精神中喜剧的情趣。

我暂时获得的光明到半夜就要结束了，我又将陷入无尽的黑夜之中。在短短的三天内，我是不可能看到我想看到的一切的。只有当黑暗再度降临到我身上之后，我才会懂得我看落了多少东西。不过，我的心里仍然充满光明的回忆，因此没有时间感到遗憾。此后我每摸触到一样东西，都会想起它的样子，从而唤起一段美妙的回忆。

我是个瞎子，我对有视力的人只有一个建议：我要劝告愿意充分使用视力这种天赋的人，要像明天你就会变成瞎子一样充分使用你的眼睛。同样的设想也可以用于其他的感官。要像明天你就会变成聋子一样，聆听话语中的音乐，鸟儿们的歌唱和交响乐队雄浑的乐章；要像明天你的触觉就会消失一样去抚摸你想抚摸的一切；要像明天你就会失去嗅觉和味觉一样去品味花朵的馨香和食物的美味。充分地使用你的感官吧！陶醉于大自然通过你天赋的不同知觉带给你的种种快感和美感中去吧，不过，在一切感官之中，我仍深信视觉是最令人快乐的。

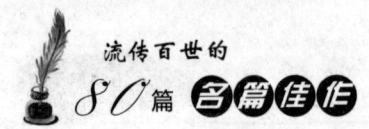

我爱劳作者

〔黎巴嫩〕哈·纪伯伦

纪伯伦（1883—1931），黎巴嫩哲理散文家、神秘主义诗人、画家。他用阿拉伯语和英语所写的作品都赢得了巨大的声望。他写的散文诗对现代阿拉伯文学影响很大，堪称开了一代新风。

我祝福劳作者！他建树着文明，创造着历史。

人类享受的一切幸福、进步、财富，都归于劳作者那神圣的双手。我爱那勤于思考，从而用泥土创造各种生动、美妙、新颖、有益形象的人。

我爱这位承袭了父亲的园圃并辛勤耕耘的人，他发现了一棵苹果树，便在旁边栽下第二棵……

我爱这个男子汉，他聚敛弃置的枯木，为孩子们做成一个摇篮，或制出一把曲调丰蕴的六弦琴。

我爱那用石头竖起雕像、筑起房舍、建起高楼大厦的人。

我爱将陶土变为油脂罐或香水瓶的人。我爱将棉花变作衬衣、皮毛变作氅袍、绸缎变作彩裙的人。

我爱铁匠，他向铁砧挥舞铁锤，同时也在挥洒滴滴汗水。我爱裁缝，他以交织着明亮视线的针线缝制衣服。我爱木工，他不仅在敲击木钉，也敲进了他的一份意志。

我爱他们所有的人。我爱他们那沉浸于大地万事万物的手指，我爱他们那显示出顽强毅力的面庞，我爱他们那闪耀着勤劳的珠宝之光的额头。

我爱人们中的劳作者，是因为他推动着我们的日日夜夜。我爱他，是因为他忍饥挨饿，却让我们得到温饱。我爱他，是因为他纺纱织布，使我们穿上新衣，可他的妻儿却一身褴褛。我爱他，是因为他盖起了高楼大厦，自己却住在简陋的茅屋。

　　我爱他甜蜜的微笑。我爱他眼中自由的闪光。

　　我爱人们中的劳作者，是因为他的温善，——他认为自己是仆人，可他是地地道道的主人，主人！我爱他，是因为他的谦和，——他认为自己是枝条，可他是实实在在的主干，主干！我爱他，是因为他的腼腆，——在你付工钱向他表示感谢之前，他先感谢了你；在你赞扬他的劳动时，你从他的眼睛里看到了泪水。

　　我爱人们中的劳作者。

　　我爱这个人——他弯腰曲背，是为了我们挺起腰杆；他埋头苦干，是为了我们扬眉吐气。

※　黎巴嫩首都贝鲁特。黎巴嫩是古老文明腓尼基的发源地。腓尼基是一个形成于3000多年前的文明区，对古代世界文明做出过重要贡献，这里曾拥有最发达的造船、航海和贸易业。后来的希腊字母和罗马的拉丁文都是在腓尼基字母的基础上形成的。

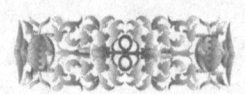

卡夫卡（1883—1924），奥地利小说家。生于布拉格的一个百货批发商家庭。曾在大学学习文学，后迫于父亲压力转学法律，并取得法学博士学位。他创作勤奋，大部分的作品是利用业余时间完成的。三部未完成的长篇小说《美国》《审判》《城堡》被认为是他有代表性的作品。短篇小说有《中国长城的建造》《地洞》《致父亲的信》等。他笔下的形象多为对现实不满又无力反抗的小人物，引起广泛的共鸣。

一切障碍都在粉碎我

〔奥地利〕卡夫卡

　　我从生活的需求方面压根儿什么都没有带来，就我所知，和我与生俱来的仅仅是人类的普遍弱点。我用这种弱点（从这一点上说，那是一股巨大的力量）将我时代的消极的东西狠狠地吸收了进来；这个时代与我可贴近呢，我从未与之斗争过，从某种程度上说，我倒有资格代表它。对于这个时代的那微不足道的积极东西，以及对于那成为另一极端、反而变成积极的消极事物，我一份遗产也没有。

　　在巴尔扎克的手杖柄上写着：我在粉碎一切障碍。

　　在我的手杖柄上写着：一切障碍都在粉碎我。

　　共同的是"一切"。

　　2月4日。长时间躺着，睡不着，斗争意识产生。

　　在一个谎言的世界上，谎言不会被其对立面赶出这个世界，而只有通过一个真理的世界才会被赶走。

　　受难是这个世界上的积极因素，是的，它是这个世界和积极因素之间的唯一联系。

　　受难只是在这里是受难。这并不是说，在这儿受难的人在其他地方地位会提高，而是说，在这个世界上叫做受难的，在另一仙界上情况不变，只是没有了它的对立面——极乐。

　　在同学中我是笨的，但不是最笨的。有些老师经常对我父母和我说的却是后一点，但他们这么说仅仅是出自许多人的狂想，这些人认为要是敢于做出如此极端的判断，他们便占有了半个世界。

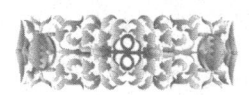
　　但人们普遍地真的认为我是笨的，他们拿得出有力的证据。假如有一个陌生人一开始对我印象不坏，并把这种印象告诉别人的话，那么他就会从人家向他提供的这种证据中得到教训。

　　为此我经常生气，有时也哭泣。这是我当时在时代的潮流中感到不安和对未来的潮流感到失望的唯一时刻。当然不安和失望那时只是理论上的，只要投入一项工作，我的心就安稳了，失望就消失了，简直像一个从幕后奔上舞台的演员，在离舞台中心很远的地方停顿了片刻，双手（比如说——放在额前，而这时激情（这马上就会成为必要的）在他心中不断高涨起来，尽管他眯着眼睛咬破嘴唇，也掩饰不住自己的激情。半消半留地推起了正在上升的激情，激情又增强着不安感。一种新的不安不可遏制地形成了，包围了二者，也包围了我们。

　　每个人都是独特的，并有义务发挥其独特性，但是他必须喜欢他的独特性。就我所知，人们不管在学校还是在家里都在努力消除人的独特性，这样会减轻教育工作的负担，但也会减轻孩子们生活的分量。当然在这之前，孩子们还得被迫经历痛苦，比如说，当一个孩子晚上正在读一篇扣人心弦的小说时，一种单单针对他的训诫不可能使他明白他必须中断读书去睡觉的道理。假如人们在这种情况下对我说："时间太晚了，眼睛会看坏的，明天早晨会睡过头，很晚也起不来的，这个蠢故事是不值得这么读的。"这样我虽然不会明确表示反对，但我之所以不表示反对，也仅仅是因为这一切训诫连值得考虑的边儿都没有达到。因为一切都是无限的，或者是不确定的，所以也等于是无限的。时间是无限的，因此不存在太晚的问题，我的视力是无限的，因此不会看坏；甚至夜也是无限的，因此不必担心早上起床的问题；而我对书不是根据蠢或者聪明来区分的，而是根据它是不是吸引我，而这一本是吸引我的。当然我那时不会这么说，结果是：我讨厌去请求允许我继续读下去，而决定在不允许的情况下我行我素。这是我的独特性。人们用关掉煤气灯而让我待在黑暗中的举动压制了我的独特性；人们解释说："大家都睡了，所以你也必须睡觉去。"看到这情况，我不得不相信他们，尽管这对于我来说是不可理解的。谁都不像孩子们有那么多改革的愿望。尽管这种压制从某些方面看并不算错，但这事像其他任何类似的情况一样，化

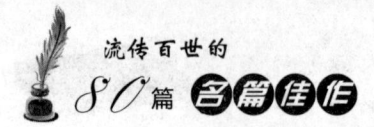

成了激励的力量，强调这种情况的普遍性并不能磨钝这力量。从而我相信，正是在那个晚上世界上没有一个人比我更爱读书了。当时，对我来说用所谓普遍现象的说法并不能驳倒这一点。当我看到人们不相信我对读书具有不可克服的欲望时，我这种感觉就更加强烈了。只是渐渐地，在很久以后，也许已经在这欲望减弱了的时候，我才认为，许多人也曾有过同样的读书欲，但都被自己克服了。不过当时我只感到受到了不公正的待遇，我悲伤地去睡觉，憎恨开始滋长起来。这憎恨决定了我在家庭中的生活，从某一方面讲，它从此成了我一生的基调。这禁止读书虽然只是一个例子，但它是一个颇具代表性的例子，因为其影响是很深的。人们不承认我的独特性；但由于我感觉到它的存在，所以我在这方面总是十分敏感和警惕，于是在他们对我的这种态度中看到了一种最后的判决。既然人们对我这种外露的独特性都做了判决，那么我那些掩藏着的独特性的命运就更糟糕了，我掩藏着它们，是因为我自己认识到其中有些微不合理之处。比如我有时没有准备第二天的功课，晚上就读起书来了。这作为对义务的耽误来看恐怕是很不好的，但不应就此对我做出绝对的批评，而应做有分析的批评。做有分析的批评时应该看到，这种忽视义务并不比长时间的阅读糟糕，特别是由于我对学校和对权威的畏惧使这种忽视义务的行动本身大受限制。由于读书而没有准备的某些作业，第二天一早或者在学校里我会利用当时很好的记忆力很快补上的。问题是，我长时间读书的独特性所遭到的判决，现在通过我自己的手段延伸到那掩藏着的忽视义务的独特性上去了，结果使我的心情压抑不堪。那情形就好像某一个人用一根鞭子打人，但不把人打痛，只是碰一碰以示警告，而他自己却把鞭子解开，把一个个尖头对准自己，按照自己的想法刺进其内心并挠动，而那只陌生的手还一直静静地握着鞭柄。如果说即便在那时我还没有这么厉害地惩罚过自己，那么无论如何这一点是可以肯定的，即我从我的独特性中从来没有引出那种真实的好处：最后能具备持续的自信心。显示独特性的后果反而是：要么我恨压制者，要么我把这独特性视为乌有；这两种后果从自欺欺人的角度看也联系得起来。但是我如果那时只掩藏着一种独特性，那么后果是：我恨我自己或者恨我的命运，把我自己看成坏种或者可诅咒的人。这两类独特性的关系多年来表面上已发生了很大的变化。我越走近为我敞开的生活之门，那些外露的独特性就越增加。但这并没有使我得到解脱，那些掩藏着的独特性并没有因此而减少。通过细致的观察可以发现：人们是永远

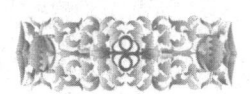

不可能坦白一切的。甚至往昔那些看上去似乎彻底坦白出来的事情，后来也显示出还有根子留在内心深处。即使没有发生这样的情况，在我几乎不间断地进行着的松懈整个心灵结构的行动中，只要出现一种暗藏的独特性就足以深深地震撼我，使我到处都抓不住可以靠一靠的东西，使一切适应环境的努力付诸东流。即使我什么秘密也不保留，把一切都抛得远远的，从而得以干净清爽地位于世间，过去的混乱也马上会重新回到我的胸中，塞满我的心胸，因为照我的看法，那些秘密必须不能完全被认识清楚，被正确地评价，因而通过普遍化的方式又回到我的身上来，重新占据我的心灵。这不是错觉，而只是认识的一种特殊形式，至少活着的人谁也摆脱不了它。比如说，有一个人向他的朋友承认说，他是吝啬的，那么他在此刻，在这个他寄托了评判权的朋友面前，似乎就从吝啬中解脱了出来。此刻这朋友将采取什么态度也是无所谓的，不管他否认这种吝啬的存在也好，或者建议怎么摆脱吝啬也好，或者甚至为吝啬辩护也好。甚至即使这朋友由于他这一坦白而宣布结束与他的友谊，也没有什么要紧，要紧的倒是，这人也许并不是作为悔过者，但作为诚实的罪人向公众说出了他的秘密，并希望通过此举能重新夺回那美好的——这是最重要的——自由的童年时代。但他夺得的不过是一种短暂的愚蠢和以后长期的痛苦。因为在这吝啬人和朋友之间，在桌子上的某个地方放着钱，这吝啬人必须把钱搂过来，而且伸出手去的动作越来越快，在半道上那坦白的作用固然越来越弱，但还不失为一种解脱；在半道以后就不然了，情况就反过来，那坦白就仅仅照亮着那只向前伸动着的手。坦白的作用只有在行动前或行动后才有可能是有效的。行动本身不允许任何东西与它并存，对于那只正在搂钱的手是没有言语或悔过可以解脱的。要么必须把这行动，即把那只手消灭掉，要么必须处在吝啬之中……

强调独特性——绝望。

我从不知道常规是什么样的。

我在斗争，没人知道这一点；有些人有所感觉，这是不可避免的；但是没有人知道。我履行着我每天的义务，可以看到我精神有些不集中，但不是很严重。当然每个人都在斗争，可是我甚于他人；大多数人都像在睡眠状态中斗争，他们好像在梦中挥动着手，想要赶走一种现象似的。我却是挺身而出，深思熟虑地使用我的一切力量来斗争。为什么我要从这些吵吵嚷嚷，然而在这方面却是战战兢兢的寂静的人群中挺身而出呢？为什么我要把注意力都吸引到我身上

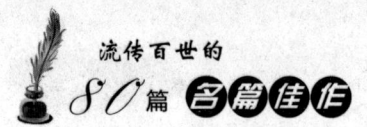

来呢？为什么我的名字上了敌人的第一份名单呢？我不知道。另一种生活对我来说似乎没有生活的价值。战争史书上把这样的人称为具有士兵天性的人。但事情并非如此，我并不希望胜利，我在斗争中感到快乐，并非因为它是斗争，使我快乐的唯一理由是有事可干。作为这样的斗争，它所带给我的快乐显然比我实际上所能享受到的要多，比我所能赠予的要多，也许将来我不是毁灭于这种斗争，而是毁灭于这种快乐。

法律门前

〔奥地利〕卡夫卡

　　法律门前站了一个守门人。有个乡下来的人朝守门人走去，请求允许他进入法律的门内。然而守门人说：此刻不能允许他入内。乡下人经过仔细考虑后就问：以后是否允许他入内。"以后有可能，"守门人说，"可是此刻不行。"因为大门像往常一样敞开着，守门人又歪到一边去了，乡下人便屈身从门口往里边张望。守门人看在眼里，大笑着说道："如果里面的东西对你那么有诱惑力，你可以不顾我的禁令，竭力闯进去。不过你得注意，我很强大。而我只不过是守门人中最最微不足道的一个。从大厅到大厅，守门的人接二连三，一个比一个强大。第三个守门人已经那么可怕，连我瞧瞧他都受不了。"

　　这些都是这个乡下人没有料到的困难；他原来认为：法律应该确确实实是人人随时都可以接近的。然而，如今他仔细看看那个守门人，穿着裘皮外套，生着大而尖的鼻子、长而稀的黑色鞑靼胡子，他就打定了主意：还是得到允许后再进去的好。守门人给他一个小凳子，让他坐在大门的一边。

　　乡下人在大门口坐了好几天，好几年。他想了许多办法要求进去。用他的哀求同守门人纠缠不休，弄得守门人疲惫不堪。守门人经常对他作些小小的审讯，问起乡下人家乡的详细情况和其他许多事情，但问得很冷淡，就像大老爷发问一般，而审讯结束时总是告诉乡下人说：目前还不能让他进去，乡下人准备了许多长途跋涉用的东西，尽管非常珍贵，他还是不惜牺牲所有的一切，拿来贿赂这个守门人。守门人一切东西都接受，但他总是说："我之所以接受，只不过是为了使你不致认为你错过了什么。"在这许多年里，乡下人的注意力从未间断地几乎都集中在第一个守门人身上。他忘记了其他的守门人，在他看来，这第一个守门人是阻止他通往法律的唯一障碍。

　　他诅咒他的不幸遭遇，开头几年，他胆子大，大声嚷嚷，后来，年纪老了，

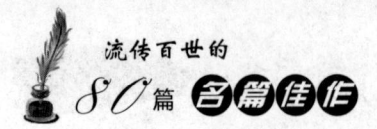 

只是咕咕哝哝对自己发牢骚。他变得幼稚了，由于长年注视那个守门人，他甚至已经认识了守门人裘皮领子里的跳蚤，他也恳求跳蚤帮帮忙，促使守门人改变主意。最后，他的视力衰退了，他不晓得这个世界是真的更加黑暗了，或者只不过是他的眼睛欺骗了他。然后，在一片昏暗之中，他如今感觉到有一种亮光从法律的门口不可遏制地流淌出来。如今他活不长久了。

在他死去之前，这些漫长岁月里的所有经验都汇集到他的头脑里，集中到一点上——一个他迄今还没有问过守门人的问题上。他挥挥手，请守门人走近来，因为他僵硬的身体再也不能站起来了。守门人不得不弯着腰迁就他，因为两人高度不同，形势变得大大不利于乡下人了。"如今你要想知道什么呢？"守门人问，"你老是不满足"。"人人都在为寻求法律而奋斗，"乡下人说，"可这许多年来，除了我自己之外，从没有人来要求进入法律的门，这究竟是怎么一回事呢？"守门人看到乡下人的寿命已尽，为了让他衰竭的听觉仍旧听见他说的话，便对着他的耳朵大吼大叫道："这儿别的人是永远不能进去的，因为这大门仅仅是为你而开启的。我现在要把门关上了。"

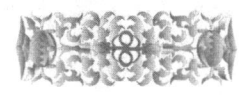

谈 风 格

〔美国〕刘易斯

辛克莱·刘易斯（1885—1951），美国小说家、短篇故事作家、剧作家，他在 1930 年因"他充沛有力、切身和动人的叙述艺术，和他以机智幽默去开创新风格的才华"获得1930 年诺贝尔文学奖，是第一个获得该奖项的美国人。刘易斯的作品深刻而批判性地描述美国社会和资本主义价值，代表作有《大街》《巴比特》等。

　　我想，一个有能力而且有充分训练的作家，见习期满之后，在提到自己的作品的时候，是不用"风格"这两个字的。如果用的话，他就会太矜持，以致写不出什么了。他也许会——如果我自己的推测是合乎常情的话，他就一定会考虑到"风格"的某些特殊问题。他也许会说，"那个句子的音调不对头"，或者"那个词对于这样一个平凡的角色是太夸张了"，或者"那个句子是陈腔滥调，是我昨天从那篇鬼社论里看来的"。关于"风格"的一般概念，就是把它当做跟内容、思想、故事不相关联，显然不同的某种东西，他是想不起来的。

　　他写时是自由自在的；他写时——如果他很会写的话——就像铁尔顿汀网球那样，或者就像邓卜赛斗拳那样，那就是说，他把全副精神投进去，绝不像玩票者那样，一面表演，一面看自己怎样表演。

　　风格与内容、优雅的风格与庸俗的风格、简朴与雕饰，这一大套问题，跟那种过了时的（我觉得"过了时的"这个词儿就是"坏风格"的一种标志）关于肉体、灵魂与精神的讨论，同样玄妙而空洞。那种玄学的讨论，我们已经听够了。今天，在堪萨斯州堪萨斯城四周围的地方，我们已不在这种空想中折腾了。我们看不出灵魂和精神之间有什么区别。我们相信我们懂得灵魂和精神不健康，身体也就会不健康；反之，身体不健康，精神与灵魂也就不会健全。可是就连这种

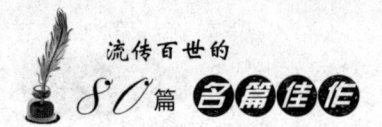

对玄学的阐明，我们也要感到讨厌的。我们大脑并不一般地说什么肉体，只是干脆地说："我的肝火旺，所以感到烦躁。"

对于叫做"风格"的那个陈腐的概念，也是如此。

"风格"就是一个人表达他的感情的方式。它得依靠两种东西：第一，他要有感情；其次，他要有从阅读与谈话得来的足以表达感情的语汇。没有足够的感情（这种品质不是在学校里可以学到的），没有语汇（这种财富从外来的教导中得来的少，而从那种难以解释的记忆力和高超的鉴赏力中得来的多），他就没有风格。

人们写下来的分析"风格"的废话，甚至比分析道德、健全的政府和爱情的废话，或许还要多些。关于"风格"的教导，像教育上其他各方面的教导一样，是无法传授给什么人的，除非他一开头就对它有直觉的认识。

下文的风格就是好的：

约翰·史密斯在明尼苏达州索克心城的大街上碰见吉姆士·勃朗，就向他说："早上好呀！天气真好！"这不但是好的风格，而且是妙透了的。假使他说"瞎，你呀！"或者说"我的好邻居，这么美妙的早上，当清早的太阳从远山上闪耀它的光芒的时候，我看见了你，真觉得神清气爽。"那么，他的风格就都是坏的。

下文的风格也是好的：奥斯勒和麦克莱合著的《医学的理论与实践》中说：

"除开锡卡型、阿米巴型和末梢型的痢疾以外，还有各种各样有时危害性非常大的溃疡性的大肠炎，它们在英国和美国也并不少见。"

下面的诗的风格也是好的，虽不比前面好，却也不比前面坏，因为两者都充分表达了要表达的思想：

一个荒凉的地方！又神圣又迷人，
就像在阴暗的月亮下面有个女人，
哭唤她爱人的鬼魂！

我看我很难像柯尔律治，像奥斯勒和麦克莱写的那样完美，像杰克·史密斯和古姆·勃朗闲谈时那样从容。但我至少希望，也能像他们那样，把全副精神贯注在我要说的东西里面，那么，我就会像他们那样，写起东西来，绝不问"这种风格好吗？"

性 与 美

〔英国〕劳伦斯

遗憾的是，性在人们的心目中是一个十分丑陋的字眼，丑陋得简直令人无法解释。性究竟是什么？我们想得越多却越糊涂。

科学认为性是一种本能。但本能是什么？显然本能是一种根深蒂固的、古老的习惯。但一种习惯，不管多么久远，总有一个开端，而性却实在没有开端。哪里有生命，那里就有性。所以，性绝不是可以养成的"习惯"。

人们又把性称为一种欲望，就像饥饿。一种欲望，但目的是什么？繁殖的欲望？这样说有点儿荒诞。据说雄孔雀长着美丽的羽毛是为了迷惑雌孔雀，满足自己繁殖的欲望，但为什么雌孔雀不长上美丽的羽毛迷惑雄孔雀，来满足她繁殖的欲望呢？她对蛋和幼雏的渴望肯定同雄孔雀一样强。我们无法相信她的性要求是如此之弱，以至于需要羽毛的宝蓝光彩去刺激她。根本不是这么回事。

至于我，我从没见过雌孔雀朝她丈夫青铜和宝蓝的光辉望过一眼，我相信她从未注意过。我从不信雌孔雀会区别青铜、宝蓝、褐色或绿色。

如果我见过一只雌孔雀着迷地盯着她丈夫的光艳美色，我或许会相信雄孔雀舒展开羽毛只是为了"吸引"雌孔雀。但她从不看他。当他向她抖动全身的翎毛，像一阵风暴掠过树枝时，她只是显得有点得意。这时，她才似乎只是漫不经心地注意到了他的存在。

劳伦斯（1885—1930），英国诗人、小说家、散文家。生于一矿工家庭，当过小学教师、会计，曾在国外十几年，阅历很广。他一生写了十部长篇小说，自传体小说《儿子和情人》是他的成名作。该书描写了工业革命给矿工沃特·毛瑞尔一家带来的痛苦遭遇。发表于1915年的长篇小说《虹》，因抨击了当时的教育制度和"民主"，而被禁11年之久。其他作品有《恋爱中的女人》《迷途的姑娘》《袋鼠》《恰特里夫人》等。

这些性的理论是令人惊讶的。雄孔雀向从不看他的白眼雌孔雀展示他的美色，真想象不出，会有那样天真的科学家赋予雌孔雀对色彩和图案以深刻、能动的鉴赏力。哦，多么富有高度美感的雌孔雀啊！

雄夜莺以唱歌来吸引异性。但极其奇怪的是，当求爱和蜜月均已过去，雌夜莺注意的不再是他而是幼雏的时候，他才唱得最美妙。那么，如果他不是为吸引她而唱，那他一定是唱了给她散心，给她坐着取乐了。

理论是多么天真，多么讨人喜欢啊！但在它们背后却隐藏着一个动机，在所有性的理论背后都隐藏着一个根深蒂固的动机，那就是否定，就是要抹去美的神秘色彩。

因为美是神秘的，不能吃也做不出法兰绒。于是科学就说它不过是个诡计，用来捕捉雌性并诱惑她繁殖。多么天真！好像雌性需要引诱似的。要知道雌性甚至会在黑暗中繁殖——那么，哪里用得着美作诡计呢？

科学对美有一种不可思议的仇恨，因为美不符合因果之链；社会对性也有一种不可思议的仇恨，因为性老是搅乱了社会人赚钱的妙算。所以，这两股仇恨拧成一股，性和美就成了单纯的繁殖欲厂。

而性和美是一回事，就像火焰和火。如果你仇视性，你就是仇视美；如果你爱活生生的美，你就得崇敬性。当然你可以爱衰老、僵死的美而仇恨性，但要爱活生生的美，你就必须崇敬性。

性和美如同生命和意识一样不可分，而伴随性与美并从性与美中产生的智是直觉。文明的巨大灾难是对性的变态的恨。例如，有什么比弗洛伊德的精神分析学更能显出对性的刻毒的恨呢？这种恨还带着对美、对"活生生的"美的变态恐惧，造成了我们直觉官能和直觉自我的萎缩。

现代男人和女人深层的心理疾病就是直觉官能的病变和萎缩，整个生命世界，可以也只能通过直觉而为我们所感知并享有。但这点被我们否定了，因为我们否定了性和美——直觉生活和浑朴超然的源泉，而这种浑朴超然在自由的动植物身上表现得多么可爱！

如果说直觉是叶，美是花，那么性就是根。为什么一个女人可爱就可爱在20来岁的时候，因为这是性轻轻升上她脸庞的年龄，就像一枝玫瑰初绽花蕾。

这种感染力是美的感染力。尽管我们到处否定它，尽可能把美变得浅薄，如同垃圾。但，首要的是：性的感染力就是美的感染力。

对于美，我们因缺乏教育而简直无法谈起。我们假托说美是一种固定的排列：直鼻子、大眼睛等，认为一个可爱的女人必须长得像丽莲·杰许，一个漂亮男人必须像鲁道尔夫·瓦伦蒂诺。我们就是这么认为。

在实际生活中我们做得可大不一样。我们说："她挺美，可我对她没意思。"在这里我们把"美"这个词完全用错了，应该说："她具有美的典型特征，但她对我来说不算美。"

美是一种体验而不是别的什么。美不是固定的模式或五官的排列，它是可以感觉到的，是美好的一次闪耀或交流。令人苦恼的是，我们的美感被挫伤和磨钝了，我们失去了所有最好的东西。

还是回到电影来吧——在查利·卓别林的古怪面孔上有一种本质的美，远胜于瓦伦蒂诺。卓别林的眉毛和眼睛中有一点真正的美，一点清纯的闪烁。

然而，我们的美感是那么残缺、笨拙，以致看不见卓别林的美，就是看见了也不认识。我们只看得见那种热闹显眼的，像鲁道尔夫·瓦伦蒂诺的所谓美，这种美只因为它符合现成的漂亮概念才讨人喜欢。

但是即使最相貌平平的人也会显得美，也会是美的。只需性之火轻柔地升起，就能将一张难看的脸变得可爱。这是真正的性的感染力——美感的交流。

相反，没有人能像一个真正漂亮的女人那样讨人厌，就是说，既然美是一个体验的问题而不是具体的形式，那么没人会像一个漂亮女人一样丑陋不堪：如果没有性的闪耀，如果她的一举一动掩饰不住难看的冷淡，她会显得多么可怕啊！这时，外表漂亮反而更糟糕。

性是什么，我们尚不理解，但性必定是某种火，因为它总是能传达一种温暖、闪烁的感觉，而当这闪烁变成一片纯粹的光辉时，我们就获得了美感。

真正的性感染力是性之温暖和闪烁的传达。性之火在我们体内或蛰伏或燃烧，即使活到90岁，它仍存在。如果性之火熄灭了，人也就会成行尸走肉。不幸的是，现在世上行尸走肉者越来越多了。

没有什么比一个性之火已熄灭的人更丑陋的了，那是一个黏土似的肮脏动物，人人唯之唯恐不及。

然而，只要我们完完全全地活着，性之火就在体内郁积或燃烧。年轻时它闪烁、照耀；年老时虽变得柔和些、宁静些，但它依然存在。我们能够控制它，但只能不完全地控制它，这就是为什么社会仇视它。

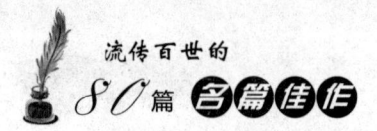 

只要它存在着，这性之火，这美与愤怒的源泉，它就在我们体内无法理喻地燃烧着。像真正的火一样，要是我们不小心碰到它，就会灼伤手指。只想要"安全"的社会人仇视性之火。

所幸的是，不是许多人都能够仅仅作社会人。古老的亚当之火郁积着，而火的一个性质就是它会点燃别的火。这里的性之火点燃了那里的性之火。也许它只能将闷火拨成轻柔的光热，也许它能唤起一次夺目的闪烁，或者激起一束火焰。火焰趋向火焰，会燃成一片熊熊大火。

每当性之火闪着光，它就能在这里或那里唤起一个响应。或许它只能唤起一丝温暖和乐观，你就会说："我喜欢那个姑娘，她真不错。"也许它能激起一片闪光，使世界更友善、生活更美好，那么你就会说："她是个有吸引力的女人，我喜欢她。"

或许她会拨旺一束火焰，在点燃宇宙之前先照亮了她自己的面容，那么你会说："她是个可爱的女人，我觉得她可爱。"

很少有女人能激起真正的可爱感。一个女人不是天生美丽的，说她天生丽质只是为了掩饰我们对美的可怜、残缺又笨拙的理解。

成千上万个女人像黛安娜·德·波蒂埃、兰特利夫人或别的名媛一样漂亮，今天有成千上万个绝顶好看的女人。但是，唉！可爱的女人是多么少！

为什么呢？因为她们缺乏性感。当性之火在体内苏醒，纯洁而美好，照亮了她的脸并触动了我体内的火时，一个漂亮的女人才变得可爱。

这样她对我来说就变成了一个可爱的女人，她就是一个活生生的可爱的女人——不单单是一张照片。而一个可爱的女人是多么令人心醉啊！但是，天哪！可爱的女人是多么少！在这样一个充满了漂亮的姑娘和妇女的世界上，可爱的女人是多么令人遗憾的少！

漂亮、好看，但并非可爱、并非美。漂亮和好看的女人有端正的五官和一头秀发，但一个可爱的女人却是一种体验。这是一个传递火的问题，是性感染力破除可怜的现代词汇的问题。过去，性感染力适用于黛安娜·德·波蒂埃，在美好的日子里甚至也适用于自己的妻子——哎呀，现在这个词本身就是诽谤和中伤。然而现在取代叫发之火的却的确是性感染力。我想两者是一回事，只是标准截然不同。

实业家的漂亮而忠实的女秘书之价值，仍主要在于她的性感染力。这不暗

指任何"不道德关系"。

甚至今天，一个不乏慷慨的姑娘仍喜欢感到她是在帮助一个男人，如果这男人愿意接受她的帮助。要男人接受自己帮助的欲望就是她的性感染力。这是一团真诚的火，即使热量很有限。

但这团火仍保持了"实业"界的活力。如果没有女秘书进入实业家的办公室，实业家们到现在很可能已经垮掉了。她唤起了自己体内的神圣的火，又把这火传达给她的老板。他感到增添了一份能量和乐观精神——生意兴隆了。

当然，性感染力也有它的另一面，它能导致被吸引一方的毁灭，女人如果利用性吸引力为自己谋利益，那就该某个可怜的家伙倒霉了。但性感染力的这一面近来被过度使用了，所以就不如过去那么危险了。

巴尔扎克小说中那些毁了大批男人的性感名妓如今觉得不那么顺手了。男人们变得狡猾了，他们甚至连感情型的荡妇也不敢惹。实际上，今天他们一感受到女性的性感染力就认为其中有诈。

其实性感染力不过是生命之火的不大好听的代名词罢了。男人工作得最好、最成功的时候，是某个女人在他血管里点燃了一小团火焰的时候；而女人，除非她在恋爱，就不会真正快乐地操持家务——一个女人会静静地爱上50年，却不知道自己在爱着。

假使我们的文明教会了我们怎样让性感染力适当而微妙地流动，怎样保持性之火的纯净和生机勃勃，让它以不同的力量和交流方式或闪烁，或发光，或熊熊燃烧，那么，也许我们就能——我们就都能——终生生活在爱中；就是说，我们通过各种途径被点燃，对所有的事情都充满热情……

然而，现在生活中却有那么多死灰。

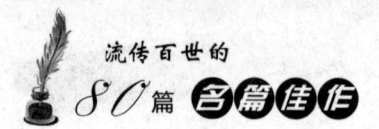

论男女之间的爱

〔英国〕劳伦斯

　　爱是世上的幸福，但幸福并不是爱的全部礼遇。爱是团聚，但没有分离也就无所谓团聚。在爱的作用下，一切都凝结在快乐和赞美之中。然而，倘若没有先前的离别，就不会有眼前的团聚。爱一旦被固定在某个团聚的圈子里，就不会有新的内容，就像潮汐，爱的运动在得到了满足以后，就势必会退落下去。

　　所以说，团聚取决于分离，血管的收缩取决于心的舒张，涨潮取决于退潮。世间没有什么普遍而不中断的爱，全世界的潮汐也不会同时高涨起来。爱一统天下的局面从来也不曾有过。

　　严格地说，爱是一种历程。有人曾经说过："重要的是在途中，而不是终点。"这是无信仰的精髓。这种观点相信绝对的爱。虽说爱实际上是相对的，相信方式而不是结果，严格地说，是相信力，因为爱就是一种凝聚力。

　　我们怎么能相信力呢？力同仪器、功能有关，既没有起点，亦找不到终点。而我们旅行的目的是为了终点，不是为了旅行而旅行。至少，为旅行而旅行的运动是毫无益处的。我们的目的是为了到达终点。

　　爱是一种旅程，一种运动，一种聚合的速度。爱是一种创造力。一切力，无论是精神的还是物质的，都有正反两个方面。一切事物都会在重力作用下朝地心坠落。但在我们太阳系里，不是有地球始终在那儿以重力的相反方向控制月球的运动吗？

　　爱也是如此。爱是精神或肉体在创造的喜悦中互相吸引的重力加速度。但如果一切都被包罗在爱的界限之内，爱就不会有新的发展。因此，对那些坠入情网的人来说，途中胜过终点。一旦到了终点，人就可能超越爱，或者不如说，以新的速度围着爱情兜圈子。旅程的最大幸福莫过于终点。

　　爱的界限！还有什么比爱的界限更糟糕的呢？那无异于企图阻挡汹涌的大

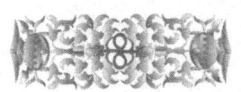

浪，拖住春天的脚步，使五月不得踏入六月，使山核无法落地生出浆果。

我们一直认为，这种无限的爱，普遍而令人喜悦的爱，就是不朽。然而，它除了是监狱和束缚之外还能是什么呢？世上除了亘古流淌的时间以外还有什么是永恒？除了人类不断地向太空发展以外，又有什么是无限？永恒、无限，这是我们对静止和终点的理解，可它们除了是不停地旅行以外，又能是什么呢？永恒是时间方面的不停旅行，而无限则是空间方面的不断发展。这毋须赘言。再来看看不朽。在我们的头脑中，它除了是同一事物的无穷连续外又能是什么？连续、永生、持久——要做到这些，除了旅历还能有什么别的方法？同样，灵魂升天，与主同在——除了进入无限以外又能是什么？无限怎么可能是终点？无限不是终点。确切地说，我们所谓的上帝，无限和不朽，就是指同一事物沿着同一方向持续不断地向前运动。这就是无限，即持续不断地朝一个方向的运动。我们所认识的爱的上帝，就是爱的力量的不断发展。无限不是终点。它既可能是死胡同，也可能是无底洞。所谓爱的无限除了是死胡同或无底洞以外又能是什么呢？

爱是有目的的旅程。因此，它是从对立目标出发的旅程。爱朝着天堂进发，那它又是从哪儿出发的呢？地狱。地狱是什么？爱，说到底是个正无限，那么，负无限又是什么呢？其实，正负无限是一回事，因为世界上只有一个无限。这样看来，要到达无限，朝天堂抑或是朝地狱进发没有什么区别。既然殊途同归，两个方向得到的都是无限，纯同质的无限，既可能是虚无，亦可能是一切。那么，我们取哪条道都无关紧要。

无限，爱的无限并不是目标。那只能是死胡同或无底洞。坠入无底洞便开始了没完没了的旅行，而让人心悦的死胡同则可能是完美的天堂。可是，到达一个四处面壁、平静的死胡同天堂，获得一种毫无缺憾的幸福，恐怕并不能满足我们的心。而坠入无底洞，进行水无休止的旅程也同样不合我们的心意。

爱不是目的，只是旅程。同样，死亡也不是目的，它是摆脱现在进入原始混沌状态的旅程——万物在原始混沌状态中都能得到再生。因此，死亡也只是死胡同或无底洞而已。

目标是有的，但不是爱，亦不是死；既不是无限，也昭示永恒，而是平静而欢愉的境地，极乐世界的另一个王国。我们就像玫瑰——纯中间状态、纯坦荡均衡的奇迹。当绝对平衡在时间和空间的中点时，玫瑰在尽善尽美的，境地

里得到完善，既不是稍纵即逝，也不是占据空间，而是尽善尽美，得到解脱，这才是超度的内在含义。

我们是时间和空间的产物，但我们像玫瑰。我们完成完善，在绝对时到达终点。我们是时间和空间的产物，可以一度成为纯超度的产物，超脱于时间和空间之外，在绝对的领域中、在极乐世界的另一个王国里得到完善。

至于爱情，它是注定被包围、被超越的。爱总是被真诚的情侣所包围和超越。我们像玫瑰——一次完美的到达。

爱是多种的，不只是单一的品种。有男女之间的爱，神圣的或世俗的；有基督教的爱："你应该像爱自己一样爱你的邻居"；还有对上帝的爱。但无论如何，爱总是一种团聚。

唯有在男女的交往中爱才有永恒的含义。神圣的爱与世俗的爱互相对立，但终究都是爱的表现形式。男女之间的爱是世上最伟大、最完美的情感，因为它是双重的，包括互相对立的两个方面。男女之间的爱是最完美的心脏收缩和舒张。

神圣的爱是无私的，追求的不是自己，钟情者为自己的爱服务，只求与她达成思想的统一。但男女之间的爱则是完整的，它追求神圣和世俗的统一。世俗的爱寻求的是它自己。我在我的爱人身上寻求我自己，从她那儿争出一个我来。我们不是澄清的个体，而是复杂的混合物。我寄寓在我的爱人之中，她也在我的身上存在。这种状况是不能容忍的，因为它只是混杂和迷惑。因此，我必须彻底地收拢自己，从我的爱人身上解脱出来，她也应该完全地分离出去。我们的灵魂像是黄昏，既不明亮也不黯然。光线应该收敛回去，变成十足的闪光，而黑暗也应该自立门户。它们应该是互相对立的两个完整体，互不参涉，泾渭分明。

因此，男女之间的爱，如果是完整的话，应该是双重的，既是纯粹思想的交流，又是纯粹性的摩擦。在思想交流中，我与我的爱人合为一体，而在性摩擦中，我又回到了原先的自我，从融合的基质中超越出来，进入高度的分离状态，成为单独的自我，神圣而独特的自我，好像从混杂的泥土中提炼出来的宝石。我爱的女人和我就是这类混杂的泥土。在热烈的性爱中，在性爱的摩擦中，我被毁了，贬低为和她融合前的那个自我。这是毁灭性的欲火，世俗意义上的爱。但唯有这火能使我们得到纯化，使我们从混杂的状况中分离出来，成为独特的，

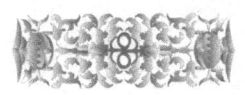

如宝石一般纯净的个体。

我们像是玫瑰。在追求统一的激情中，在追求独特和分离的激情中，在这种既追求分离又追求结合的双重激情中，会发生新的构造，达到超度的境界，两个完全独立的个体会进入玫瑰盛开的极乐天堂。

所以说，完整的男女之爱是双重的，既是一种溶化的合力运动，又是一种强烈的、带有摩擦和性感激的分力运动，使两者彻底分开，成为不可思议的异体。但不是所有男女之间的爱都是完整的。有的可能太软弱，在日积月累中慢慢地归于统一，如圣法兰西斯和圣克莱尔，圣玛丽和耶稣。在这种情况下，可能没有分离，看不到统一，也不存在独特的异体。这所谓神圣的爱其实只有半个爱，这种爱知道什么是最纯洁的幸福。另一方面，爱又可能是一场性满足的战斗，动人而可怕的男女对抗，就保持里斯坦 O 和艾索德。这些超越骄傲的情人，打着最崇高的旗帜，是宝石一般的人。他十足的男性像宝石一般脱颖而出，孤傲不群，而她则像一支睡莲亭亭玉立于其女性的妩媚和芬芳之中。这就是世俗的爱，它总是在火焰和分离的悲剧中结束。到那时，两个如胶似漆的情人被死神分成两半。但是，如果说世俗的爱总是以痛心疾首的悲剧而告终，那么神圣的爱更是有过之而无不及。它总是以让人心碎的渴求和无可奈何的悲伤而告结束。圣法兰西斯最后离开了圣克莱尔，让她独自一个悲痛欲绝。

一定会合二为一，永远如此——思想交流而产生的甜蜜的爱和性满足后产生的自豪的爱，两者总是溶合在一起。那时，我们就像玫瑰，甚至超越了爱，爱被包围被超越了。我们成了完全融合的一对，同时又像宝石和泥土一样是独立的个体。玫瑰控制并超越了我们。我们是玫瑰，而不是其他。

基督的爱是兄弟般的爱，它永远是神圣的。我像爱自己一样爱自己的邻居。然后怎么样呢？我扩大了，超越了自我，汇入了整个人类。在完美的人类整体中，我也成了整体，成了一个小宇宙，成了大宇宙的一个缩影。这儿，我指的是人的完美性。人可以在爱中获得完美，成为爱的产物。然后，人类将是一个爱的整体。对那些像爱自己一样爱邻居的人来说，这无异于一个完美的未来。

可悲的是，无论我在多大程度上是个小宇宙、兄弟般爱的典范，却总有一种分离成宝石般独立自我的需求，渴望从万物中分离出来，像狮子一样骄傲，星星一般独立。由于得不到满足，这种渴求就越发炽烈，以致占据了整个宇宙。

接下去，我就会憎恨现在的我，憎恨我所变成的小宇宙，这人类社会的缩影。

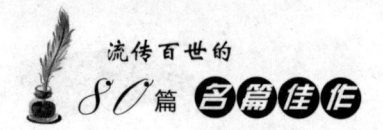
我越是坚持怀有兄弟般爱心的现有的我，就越憎恨自己。不过，我还会继续呈现整个可爱的人类，直至追求独立的、未满足的激情驱使我采取行动。尔后，我会像恨自己一样恨自己的邻居。再接下去，悲剧就会降临在我和邻居身上！上帝要击毁什么之前总是先让他发疯。因此，我们会失去理智，违背我们坚持的自我，下意识地采取行动，而同时又保持这可憎的自我。我们变得茫茫然，不知如何是好。我们打着兄弟爱的旗号，匆匆地闯入了盲目的兄弟恨。两重性被分隔了，我们也因此而失去理智。神想毁掉我们，就因为我们对他们太殷勤了。自由、平等、博爱，这便是兄弟爱的结束。但如果我不能从博爱和平等里解脱出来，自由又从何谈起？我要想自由，就必须解脱出来，真正做到独立和不平等。博爱与平等是专制中的专制。

这世上应该有兄弟般的爱——这人类的整体，但同时也应该有完全分离出来的个性，狮子和雄鹰一般独立不羁的个体。应该是两者兼而有之。生命的历程就在这两重性里。人必须步调一致地行动，创造世界——这是最大的幸福；但人也必须单独行动，不受旁人的影响，单独而骄傲地行动，自己对后果负责。这两种运动是相对的，却不是互相否定的。人皆有理解心。只要我们理解了，就能在这两种运动中很好地得到平衡，既是单独的个体，又是与众协调的人类一分子。这样的话，完美的玫瑰就会超越我们。这世上的玫瑰还从没开放过。但一旦我们理解了对方，根据肉体和精神的需求，自由自在、无忧无虑地从两个方向开始生活的历程，这玫瑰就必定会常开不败。

最后，还有对上帝的爱。在这种爱里，我们同上帝结合在一起。但我们所知道的上帝要么是无限的爱，要么是无限的骄傲和权势，不是此，便是彼，不是基督就是耶和华，总是一半排斥另一半。因此，上帝总是怀有嫉心。如果我们爱上这个上帝，就迟早会憎恨他，从而选择另一个上帝。这就是宗教经验的悲剧。但圣灵是单一的，对我们来说是十全十美的。

有些东西是无法爱的，因为它超越了爱与憎。世上有未知的和不可知的东西。这是我们无法爱的。我们只能把它视为我们局限和认可的一个专用词，只能从内心莫名其妙产生并十分强烈的欲望中去寻找它的答案——这种欲望的实现便是创造的实现。我们知道自己正处在开花的初期，有责任在内心欲望的驱赶下，怀着信仰和自发的德性，怀着玫瑰必将盛开的信念，一步一步地走下去。

我的驴和金子

〔埃及〕哈基姆

有一天，我见我的驴心事重重，便坐在它身边。出于礼貌，我缄口不言，等它觉察我的到来。它终于昂起头，转向我。我们进行了如下的交谈：

驴：那以后怎么办呢？

哈基姆（以下简称哈）：什么以后？

驴：我的前途呀！难道你没考虑过我的前途？

哈：怪事！我头一回听说一头驴谈论起前途问题！

驴：有什么可奇怪的？难道我不是服从时间法则的活着的生物吗？难道我不是同其他万物一样有过去、现在和将来吗？我同你生活在一起，至今仍然赤身裸体，既没有金鞍子，也没有银笼头，挽具……

哈：真妙！这就是使你困扰的事？

驴：这也是今天困扰所有的人的事。我们周围的人都想着金子，为它而活着，靠着它生息。我同你坐在这里，居高临下注视着人们，他们全身裹着我们思想和哲学的破衣烂衫……

哈：你听着，驴！我们刚讨论完你的政见和关于组织驴党的原则，你又想为自己的贪欲打开新的大门了？

驴：我想打开事业的大门。其实，这也是为你着想！

哈：还请考虑一些于我有益的事情为好！

驴：比金子更有用的吗？真是怪事！嘻嘻，我已想了很久，我到底是驴还是……

哈：严肃点。我真拿你没办法。我觉得我们在思想、目

陶菲格·哈基姆（1898—1987），埃及小说家、戏剧家。他在50年代写了一部对话集，议论国际政治与世态炎凉。他把被埃及人看做勤劳、忍辱负重同时又是愚钝的象征的驴作为对话者。针对第二次世界大战以后埃及青年中出现的见利忘义、弃原则与理想于不顾的拜金主义，他运用戏剧手段，以幽默活泼的语言表示了自己的意见。

标和爱好方面有许多不一致的地方。

驴：那么，是我让你没办法、心烦意乱和精疲力竭的吗？

哈：那我们就此分手吧！是什么非让我们生活在——起不可？是什么非让我们保持这种只会带来坏名声的伙伴关系？你要愿意，就走吧。我替你找一个有钱的主人，他会给你遮盖身体的金银。有了那些沉重的负担之后，你会感到真正温暖的。

驴：那光着身子就温暖啦？

哈：当然，如果你有一颗炽热的信仰之心的话。

驴：你竟然说出这种话来！你总是用言词当衣服给我穿，把它当饭给我吃。从你这里只看到言词。

哈：以后你也见不到别的东西了。

驴：我真不幸呀！

哈：是的，这可能是你的不幸，因为你是驴。

驴：庄重些！我跟你在一起待够了，同你在一起谁也受不了。到让你独自生活的时候了，你想吃什么言论就吃什么，想唱什么思想就喝什么吧！

哈：听着！我不能容忍任何讥笑思想言论的行为。言论创造了世界。穆罕默德不是靠金子传播的伊斯兰教，而是靠言论。耶稣不是靠金钱建立了基督教，而是靠言论。只有真诚的言辞、崇高的思想和伟大的原则才领导人类经历了各个存在的阶段，于历史的各个时期创立了民族和人民。爱国主义、民族主义或人道主义运动一开始都仰赖于原则和言论。当金子最终显露出光芒和发出铿锵声时，你要知道，毁灭的时刻到了。这种迷惑人的闪光会熔化原则，诱人的铿锵声会使人耳聋，听不见言论。

驴：你是想说"金子是原则的敌人"？

哈：毫无疑问，因为金子本身变成了一种原则，它自命不凡，横行霸道，是危险的原则，使人们忘掉其他一切真正的崇高的原则。看看我们今天的社会吧。告诉我，统治一切人占压倒优势的原则是什么？你刚才亲口告诉我是金子，它甚至成了衡量人的价值的尺度。难道你没听说：所有能干的男人都在吹嘘自己从公司里收入几千镑吗？若是谈到民族责任时，他立刻据量这方面的经济损失或那方面的利润。与此同时，社会也在进行计算：某人干这件工作不合算，因为他将损失多少多少……如果衡量道义上的职责，则没有人去考虑。道德品质和崇高理想在金子市场上毫无价值。连医生有时都忘了自己真正的职责。他

们中间绝大部分是货币的计算者,为每年的收入而不是人道主义的工作而自豪。婚姻亦变成了金钱范畴的亏盈。如果一个人结婚,众人马上打听新娘的嫁妆是什么。因为这是这个"神圣的"公司所遵循的原则。科学家放弃了自己的工作,眼睛盯着职位和薪金。在我们这个国度里,人们见不到一个夜以继日埋头于显微镜苦干的科学家,也找不到一个别无奢望、只有科学的思索及胜利、只想为人类服务的人,因为这些思想和原则都熔化在金子社会中了。这些言论在金模里重新熔炼。人们变成了商人,一个民族里的每一分子都想成为商人,以至于今天每个人都从事两份工作,商业及另外一种工作。每个人除了表面上的另一项工作外,实质上部是商人。因为金子使人变瞎,玩弄着人的智慧,直至他忘却自己及所使用的语言。它为人们编纂的新词典,里面所有的词都是盈利、盈利、盈利,金钱、金钱、金钱,财富、财富、财富……

驴:如果这就是时代的法则,你为什么让我背叛它呢?我也是时代的一员,我的职责是靠在占统治地位的"最高理想"的旗帜下,既然那些言论脱离了我们社会的实际,我自然也就不去服从它们了。

哈:时代的驴子呀,思想和原则并非在一切民族之中都过时了。看看你周围,有许多民族正不惜流血以捍卫思想原则。是什么推动着这些数以百万计的青年用生命和鲜血去追求美好的社会?除了言论还有什么吗?是的,他们相信这些言论,便甘愿以昂贵的鲜血为代价。在他们眼中,思想和原则不仅是古老的教义,而且是伟大的、具有现实意义的、依然被许多民族和人民保持着的感情。为了它,值得在心中激起无价之爱。

驴:你真让我吃惊。一个时代怎能让这对矛盾共处?血流成河,而黄金也在另外一条河中流淌。

哈:任何时候都有对立统一。自有宇宙以来,伟大和渺小,崇高和堕落,高贵和卑贱总是并存。但是有一条,你为自己和你的民族选择哪一条路。

驴:如果你问我选择哪一条路,那我……

哈:你说吧。

驴:让我想一想。你知道,我总是在思索和掂量一番之后才告诉你结果的。

哈:既然在抉择时这样犹豫不决,我认定你是头驴。

驴:你以为只有我才是吗?你允让人们在金钱和原则之间作一选择,再数数有多少人举棋不定吧。

哈:啊,天哪,我的驴赢了!

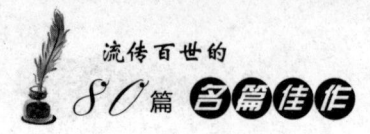

关 于 美

〔日本〕川端康成

川端康成(1899—1972)，日本小说家。生于大阪一医生家庭，在祖父影响下博览群书。16岁成为孤儿，饱尝孤独和悲哀。在东京帝国大学学习期间发表处女作《招魂节一景》。大学毕业后从事文学创作，1926年发表的《伊豆的舞女》为其成名作。他的作品主要为100多篇中短篇小说，如《雪国》《千只鹤》《古都》《山之音》等。作品多反映失意、孤独和空虚的生活，或亲友之间、隔代之间的变态恋爱心理，不重情节而着重描写人的内心世界和情感。1968年获诺贝尔文学奖。

　　我看罢大相扑夏季赛场最后一天的比赛归来，一踏进工作间，就看见桌面上摆着的希腊小陶偶和六朝陶俑。前些时候，我从京都带回一件陶器，把它同陶俑摆放在一起。这两件陶俑，一件是1500多年以前的，一件是2000多年以前的。这两件文物，都是从古墓出土，也都是不上彩釉的素陶俑。希腊的是左手持环的女俑，高约20公分；六朝的是文官，男性，高约25公分，两件都是小巧玲珑的立像。

　　夜半，面对着这两尊典雅的古代陶俑，联想到白天的现实中所看到的相扑力士的魁梧身躯，我忽然泛起一种异样的感觉。希腊的陶偶是从京都带回来的，我又浮起了京都舞女的姿影。不论是京都的"祇园"舞伎，还是东京的相扑力士，他们都是存在于今天的我们当中。甚至被誉为国技或国色。舞伎和相扑力士，从体格来说，是两个极端；从职业上需要的裸体和服饰来说，也是两个极端。相扑力士和舞伎，从生理常识和伦理角度来看，应该是病态的丑陋的，可我们许多人却感到美，甚或狂热，要求保留男性遗物的发髻和女性的垂带，假使没有这种传统的发髻和垂带，就显得古怪和丑陋。细想起来，这也是咄咄怪事。这虽是体格、姿态的事，可在我们的心灵上、思想上，恐怕也有不少这类东西吧。

　　体重170多公斤的横纲东富士和体重40多公斤的作家我，是在同一个时期的日本，在各自不同的道路上奋进的。想起这些，倒也饶有兴味。体会也好，哀伤也好，都是无止

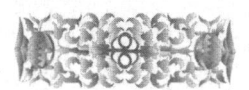

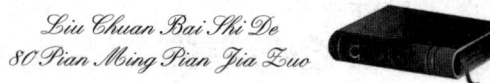
境的。这样一个我，为了写这篇文章，要消除睡意，便用田能村竹田的手工制茶碗喝了一碗玉露茶。茶托是中国锡制品，那是煎茶师家华月庵祖传的茶具。我喝了玉露，同时也喝了美国咖啡。小茶壶上有竹田雕刻的"竹窗满月点苦茶"的字样。茶碗上也写了些什么。这是文政八年竹田49岁之作。然而，我只顾品茶，没有把茶具的作者和日本式的玉露泡制法放在心上。战败后，我喝美国咖啡也是如此，想它就觉得不得了，不想它也就喝了。我还凝视着放在桌面上的一二千年以前的东方和西方的陶俑。

有时我从罗丹的青铜像的手，想起了亡友横光利一的手；有时从能的侍童面具，想起了横光利一的脸。我觉得彼此确很相似。我这种心理活动又算是什么呢？今天看罢大相扑归来，又看了古代陶俑，我的脑海里又浮现了相扑力士和舞伎的姿影。前些日子，我也看了京都的"祇园"舞伎。相扑力士和舞伎的体格和风俗，是否反人之常态，则另当别论。那时候我只是随习罢了。然而，我觉察到这两个极端的现实存在时，我就有一种异样的感觉。古代希腊的陶偶和古代中国的陶俑并排摆放在日本的我的书桌上，此番情景也是一种异常吧。它既成了生的喜悦，也成了生的恐惧。

我毕竟无法认为古代希腊陶偶就是2000多年以前的希腊姑娘的形象。这是写实的作品。六朝陶俑则是象征性的作品。从这两尊小小的陶俑，我感到了西方和东方的遥远的源流。可是，现在的我，把这两件陶俑都作为现代的东西来凝视，作为现代的东西而感到它们很美。这么说来，它们的美，在我的书桌上已经存在一二千年以上了，今后还会继续存在一二千年以上吗？像相扑和舞伎这种被扭曲了的美，也很执着，难以舍弃，这似乎就是我们的悲哀。

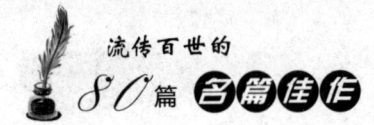
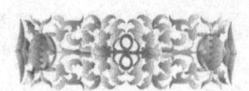

作家的使命

〔苏联〕肖洛霍夫

肖洛霍夫(1905—1984），苏联作家。生于职员家庭。从1923年开始发表作品，1925年着手创作四部八卷的长篇小说《静静的顿河》，最后一卷于1940年完成。卫国战争期间他发表了短篇小说《一个人的遭遇》，描绘了主人公在战争中遭受的痛苦和不屈的精神。其他作品有长篇小说《被开垦的处女地》《他们为祖国而战》，特写《在顿河》《在哥萨克集体农庄里》等。1965年获诺贝尔文学奖。他的作品对苏联当代文学特别是战争文学，产生了深远影响。

在这庄严的典礼上，高兴之余我觉得有义务再一次对把诺贝尔奖颁发给我的瑞典文学院表示衷心感谢。

正像我早已公开表示过的那样，这次获奖带给了我满足感，不仅仅是由于我职业上取得了辉煌成就，也不仅是从我个人来讲成为一名国际上所认可的作家。值得我自豪的倒是这个奖能够给予一个苏联人，一个苏联作家。因为在这里我代表的是我的祖国的许许多多作家。

同时，我早已表示过我的快乐，这个奖间接地说，是对小说这一体裁的一种认同。最近经常看到和听到有人在评论，使我深感惊奇，说小说早已落伍，我们这时代已不需要了云云。然而要知道只有小说，才能最完整地理解大千世界的现实，才能使人们的世界观紧迫问题形象地反映出来。也许有人会说，小说只不过是一种最容易使你以深邃的洞察力来看待我们周围美好的事物，而不是要突出以渺小的自我作为宇宙中心的体裁。小说这一体裁，就其本质而言，就是给现实主义艺术家带来了最广泛的领域。

在艺术上，许多时髦的潮流是反对现实主义的，说它已不合时宜。即使被指责为保守主义者我也不怕，因为我是完全持反对意见，并且完全是一个现实主义的忠实拥护者。现在谈论较多的是所谓文学上的先锋派主义，关于最现代派的实验，特别是在文学样式上。按我的意见，真正的文学先驱应该是那些艺术家——在自己的作品中阐明新的内容以及现

代生活的决定因素。

现实主义作为一个整体的现实主义以及现实主义小说，都是根据过去伟大的大师们的艺术经验为基础建立起来的。但是，在它们的发展过程中，不管怎么说到真的需要新特点——不折不扣的现代的特点。

我所谈的现实主义是肩负有重建、改革人类生活概念的现实主义，当然，也就是我们所说的社会主义的现实主义。它的特点是表现一种面对世界、面对现实的生活哲学，换句话说，就是一种能使你了解千百万人民的崇高的目的，并能在斗争中指引道路的现实主义。

人类是不可分的，是不能像宇航员那样，成为挣脱地球的引力在太空中飘浮的东西。我们是生活在地球上的，所以，我们必须遵守地球上的规矩，正如《马太福音》上所讲的："一天受难，一天当已足够"。每天都有每天的苦恼和摸索，都有通向更加美好未来的希望。世上绝大部分人抱着相同的愿望，为共同的利益而生活，因此，他们的愿望是团结在一起而绝不是把他们分开。他们便是劳动人民，就是用自己的双手和头脑在创造一切的人。作为为这些劳动人民服务的作家之一，而且是毫无拘束地描绘他们，我认为是最高的荣誉和无比的自由。

这是最基本的前提，只有从这点出发，身为一名苏联作家，我才能看出当今世界是如何看待艺术家的地位的。

我们现在生活的时代，是一个极不安定的时代。诚然，地球上仅有一个国家希望战争，然而，把整个国家都卷入战争的危险仍然存在。二次大战所带来的难以形容的惨剧，怎么能叫作家无动于衷呢？难道就没有一名诚实的作家敢站出来谴责人类这段自我毁灭的惨剧了吗？

作为上帝的子民，人类的一员，而不是作为冷酷无情的神或是远离战火的皇帝，那么一个作家必须认清的天职和使命到底应该是什么呢？

那就是对读者诚实，向人民展示真实，这样做，有时是会不愉快而且需要勇气的。还有，就是增强人们对于未来的信心，使他们自信有能力建设未来；做一名世界和平的斗士，把他的言论传遍每一个角落，造就更多的斗士；最后，为了共同奋斗自然而崇高的进步事业，人类总有一天会统一的。

艺术，对于人的智力的影响非常之大。如果有谁能让艺术在人们心中创造美，并对人类作出贡献，我相信，他就有权自称为艺术家。

在我的祖国，人们已不再想走老路。他们走的是开拓新人生、探索新人生

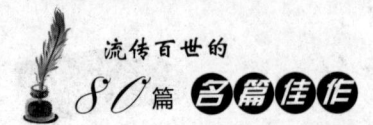

的路。我把我所写的和将要写的，早已看做而且仍然看做是对劳动者、建设者和英雄们的崇高敬意。没有人愿意从事这项工作，因为人人都知道如何对于他们的创作、自由和尊敬以及如何选择建设未来，建立起一道屏障。

我愿我的作品有助于每个人变得更好，心灵变得更纯洁，也希望我的作品能唤起每个人对同伴的爱心，唤起为人类的理想、进步而积极奋斗之愿望。如果我的愿望有朝一日实现的话，我将感到万分高兴。

最后，衷心感谢各位光临，衷心感谢各位在颁奖之际赐予我的祝贺和希望。

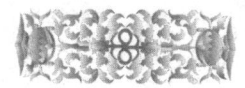

70 岁自画像

〔法国〕萨　特

——对你来说，什么是对于这个透明性的主要阻碍？

——这首先是恶。我指的是在不同原则启发下做出的行为可能导致我不赞同的结果。这个恶使得所有各种思想的传送变得困难，因为我不知道别人在多大程度上从与我相同的原则出发来形成他的思想。在某种程度上，这些原则当然可以得到澄清、讨论、确立；但是我不能与随便什么人讨论随便什么问题。我可以和你讨论随便什么，但是我不能与我的邻居或者穿过马路的行人也这样做，逼急了，他宁可打一架也不跟我讨论到底。

因此，事实上有一种来源于不信任、无知和恐惧的矜持心理，这种心理使我每时每刻都不能信任别人，或者使我过分信任。我个人也不是在所有问题上都向我碰到的人发表自己的见解的，但是我努力做到尽可能的透明，因为我认为我们身上的这个阴暗区域同时既对我们自己也对别人都是阴暗的，我们只有在力图对其他人做到襟怀坦荡的时候才能为我们自己照亮这个阴暗区域。

——不是首先，而是同时。你倒是可以说我在写作中朝这个方向走得最远。不过还有每天的谈话，与西蒙娜·德·波伏瓦，与别的人，与你，既然我们今天在一起。在谈话中我努力做到尽可能地襟怀坦白和真实，以便能够把我的主观性全部交付出来，或者尽力把它全部交付出来。事实上我没有把我的主观性交给你，我没有把它交给任何人，因为还剩下

萨　特（1905—1980），法国作家、哲学家。生于巴黎。曾在巴黎高等师范学院攻读哲学，后担任中学哲学教师多年。二次大战中被德军俘虏，获释后参加法国地下抵抗运动。作品有短篇小说《墙》，中篇小说《一个头目的童年》，长篇小说《自由之路》和剧本《恭顺的妓女》等。他主张作家要投身到社会活动当中，要有自己的见解和主张，要写真实，摈弃浮华辞藻，干预社会现实。1964 年获诺贝尔文学奖，但他拒绝领奖。

一些东西即便对我自身也拒绝被讲出来，我可以对自己讲出这些东西，但是它们不允许我对别人把它们讲出来。

——你指的是无意识?

——完全不是。我指的是我知道的东西。总有一种处于边缘状态的东西没有被说出来，也不愿意被说出来，但是它愿意被知道，被我知道。你知道人们不能把什么都说出来。但是我想以后，就是说我死以后，也可能在你死以后，人们将会越来越多地谈论他们自己，这将带来一个巨大的变革。我想这个变革并已是与一场真正的革命相联系的。

一个人必须完整地为他的邻人而存在，而他的邻人也必须完整地为他而存在，这样就能建立真正的社会协调。这在今天不可能实现，但是我以为当人与人之间的经济、文化与感情关系发生变化之后，这就能实现。要改变这些关系首先要消灭物质匮乏，我以为，如同我在《辩证理性批判》中指出的那样，物质匮乏是人与人之间过去和现在的对抗的根源。

到那个时候想必还会有新的对抗，我不能想象那将是什么对抗，谁也不能想象，但是那些对抗不会形成对一个新型的社会的障碍，在那个社会里每人都将把自己完整地奉献给某个人，后者也将把自己完整地奉献出来。这样一个社会当然只可能是世界性的，因为只要世界上还有一个地方还存在不平等和特权，这些不平等现象引发的冲突必将由近而远地扩充，直到把整个社会都卷进去。

——写作不是起源于秘密和对抗吗? 在一个协调的社会里，习作可能就不再有存在理由了……

——写作肯定起源于秘密，但是不要忘记它不是致力于掩盖这个秘密和撒谎——这种情况下它就没有意义——就是对这个秘密提出一个看法，甚至为人们对于其他人是什么样子提供佐证，从而尽力破除这个秘密——这种情况下它就与我要求的这个透明性相符合。

——1971 年有一次你曾对我说过: "现在该是我最终说出真理的时候了。"你还补充说: "但是我只能在一部虚构的作品中说出真理。"这又是为什么呢?

——那时候我打算写一篇小说，我本想把我在这以前想在一种政治遗嘱里说的话都以间接方式写进这篇小说。那份政治遗嘱本应该是我的自传的续篇，后来我打消了这个计划。虚构成分应该是很少的;我本想创造这样一个人物，读者必定会说: "这里写的那个人，就是萨特。"

这并不意味着，对于读者来说，人物与作者本来会相吻合，这意味的是，最好的了解人物的方法本应该是在他身上寻找出自我的东西。我本来想写的正是这样一种东西：既是虚构的，又不是虚构。这只不过表示今天写作是什么罢了。我们对自己的了解还不深，我们还不能彻底地把我们自己交出来。写作的真理，这应该是我说："我拿起笔，我叫萨特，这就是我的想法。"

——一项真理难道不可以独立于表达这项真理的那个人而得到阐述吗？

——那样就没有意思了。那就是把个人和人从我们生活在其中的世界里抽掉，局限于客观真理。人们可以达到一些客观真理而不去思考他们自身的真理。但是，如果需要同时谈到人们自身所构成的这个客观性以及在这个客观性背后的、与他们的客观性在同等地位上成为人的组成部分的主观性，那个时候就应该写道："我，萨特。由于目前还不可能做到这一点，由于我们对自己还没有足够的了解，借助虚构拐了一个弯子以后就能更好地接近这个由客观性和主观性共同组成的整体。"

——你从未动过心想去做一次精神分析吗？

——动过心的，但是目的完全不在澄清一些我自己也不理解的东西。当我重写《词语》的时候——1954 年我写出这本书的第一稿，后来到 1963 年我又重写——我问一个当精神分析学家的朋友蓬塔里斯，是不是愿意给我作一次分析，与其说这是为了更好地了解我自己，不如说是出于对精神分析法本身怀有的求知欲。他有理由认为，鉴于我们 20 年来的关系，他不可能给我做精神分析。再说我只是随便想想罢了，以后再也没有重新考虑过。

——从你的小说中，人们可以推出许多与你体验性生活的方式有关的东西。

——是的，甚至从我的哲学著作中也能推出来。不过这只代表我的性生活的一个阶段。我的书里没有关于我的性生活的足够的细节和复杂性，所以人们不可能在这里面真的找到我。那么你可能会说：你又何必谈论它呢？我要回答你：因为作家，根据我的看法，应该在谈论整个世界的同时完整地谈论他自己。

作家的职责是谈论一切，就是说谈论作为客观性而言的世界，同时谈论与它相对抗的、与它相处、与矛盾地位的主观性；这一个整体，作家应该在彻底揭露它的过程中说明它。所以他不得不谈论他自己，而事实上这也是他一直在做的事情，他做得或好或坏，完全的程度也有区别，但他一直在做。

——那么写作的特殊性又在哪里呢？谈论这个整体，似乎通过说话也可以

做到，不对吗？

——原则上这是可以做到的，不过事实上人们在口头表达时从来没有说出如在写作时那么多的东西。人们不习惯使用口头语言。目前可能有的最深刻的交谈是知识分子之间的交谈。不是因为知识分子必定比非知识分子更接近真理，而是因为，在目前情况下，他们有知识，有一种思想方式——比如说精神分析学的、社会学的——这使他们在了解自己和别人方面能够达到某一点，不是知识分子的人自然达不到这一点。通常谈论是这样进行的，每人都以为自己什么都说了，也以为别人什么都说了，而事实上，真正的问题是在被说出来的东西之外开始的。

——总之，你说的这个到了说出来的时候的真理，指的是要表达某些并非你讳莫如深的东西，而是你以前还不理解的东西？

——我指的尤其是把我自己放到某一个位置上，从那个角度出发我必然会看到我过去不认识的某种类型的真理。我指的是，通过真实的虚构——或者通过虚构的真实——去重新审查我一生的行动和思想，以便努力把它们组成一个整体，仔细察看它们所谓的矛盾和局限，弄清楚它们是否确实有这些局限，或者是否人们强迫我认为某些想法是矛盾的，而实际上它们却不是的，弄清楚是否人们正确理解我在某个时刻采取的某一行动……

——可能也是为了摆脱你自己的体系？

——是的，我的体系在多大程度上可能没有说明一切，我就必须在同等程度上把我自己置于这个体系之外。由于是我自己创造了这个体系，很可能我会重新陷进去；因此，这就将证明，对我来说不能在这个体系之外去构想真理。不过这同样可以表示这个体系在某一水平上是有效的，即便它不能达到深度的真理。

真理始终有待寻找，因为它是无穷竭的。这不是说人们不能获得一些个别真理。我想，如果我能够做到我在那篇本应该说明我的真理的小说里企图做到的事情，运气好的话，我本可以获得某些真理，一些不仅关于我自己，而且关于我所处的时代的真理。但是我十会获得全部真理。我只不过会让人们明白真理是可以达到的——虽然今天谁也没有能力达到它。

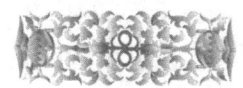 

《新青年》宣言

〔中国〕陈独秀

陈独秀（1879—1942），安徽怀宁人。中国共产党早期领导人、新文学运动倡导者之一。1915年创办《新青年杂志》（后改为《新青年》），传播科学与民主，反对旧道德、旧文学，为新思想的普及作出了积极贡献。著有《独秀文存》《陈独秀先生演讲集》。

　　本志具体的主张，从来未曾完全发表。社员各人持论，也往往不能尽同。读者诸君或不觉怀疑，社会上颇因此发生误会。现当第七卷开始，敢将全体社员的公共意见，明白宣布。就是后来加入的社员，也公同担负此次宣言的责任。但"读者言论"一栏，乃为容纳社外异议而设，不在此例。

　　我们相信世界上的军国主义和金力主义，已经造了无穷罪恶，现在是应该抛弃的了。

　　我们相信世界各国政治上、道德上、经济上因袭的旧观念中，有许多阻碍进化而且不合情理的部分。我们想求社会进化，不得不打破"天经地义""自古如斯"的成见，决计一面抛弃此等旧观念，一面综合前代贤哲、当代贤哲和我们自己所想的、创造政治上、道德上、经济上的新观念，树立新时代的精神，适应新社会的环境。

　　我们理想的新时代新社会，是诚实的、进步的、积极的、自由的、平等的、创造的、美的、善的、和平的、相爱互助的、劳动而愉快的、全社会幸福的。希望那虚伪的、保守的、消极的、束缚的、阶级的、因袭的、丑的、恶的、战争的、轧轹不安的、懒惰而烦闷、少数幸福的现象，渐渐减少，至于消失。

　　我们新社会的新青年，当然尊重劳动；但应该随个人的才能兴趣，把劳动放在自由愉快艺术美化的地位，不应该把一件神圣的东西当做维持衣食的条件。

我们相信人类道德的进步，应该扩张到本能（即侵略性及占有心）以上的生活；所以对于世界上各种民族，都应该表示友爱互助的情谊。但是对于侵略主义、占有主义的军阀、财阀，不得不以敌意相待。

我们主张的是民众运动、社会改造。和过去及现在各派政党，绝对断绝关系。

我们虽不迷信政治万能，但承认政治是一种重要的公共生活。而且相信真的民主政治，必会把政权分配到人民全体，就是有限制，也是拿有无职业做标准，不拿有无财产做标准；这种政治，确是造成新时代一种必经的过程，发展新社会一种有用的工具。至于政党，我们也承认他是运用政治应有的方法；但对于一切拥护少数人私利或一阶级利益，眼中没有全社会幸福的政党，永远不忍加入。

我们相信政治、道德、科学、艺术、宗教、教育，都应该以现在及将来社会生活进步的实际需要为中心。

我们因为要创造新时代新社会生活进步所需要的文学道德，便不得不抛弃因袭的文学道德中不适用的部分。

我们相信尊重自然科学实验科学，破除迷信妄想，是我们现在社会进化的必要条件。

我们相信尊重女子的人格和权利，已经是现在社会生活进步的实际需要；并且希望他们个人自己对于社会责任有彻底的觉悟。

我们因为要实验我们的主张，森严我们的壁垒，宁欢迎有意识有信仰的反对，不欢迎无意识无信仰的随声附和。但反对的方面没有充分理由说服我们以前，我们理当大胆宣传我们的主张，出于决断的态度；不取乡愿的、紊乱是非的、助长惰性、阻碍进化的、没有自己立脚地的调和论调；不取虚无的、不着边际的、没有信仰的、没有主张的、超实际的、无结果的绝对怀疑主义。

呐喊自序

〔中国〕鲁迅

我在年青时候也曾经做过许多梦，后来大半忘却了，但自己也并不以为可惜。所谓回忆者，虽说可以使人欢欣，有时也不免使人寂寞，使精神的丝缕还牵着已逝的寂寞的时光，又有什么意味呢，而我偏苦于不能全忘却，这不能全忘的一部分，到现在便成了《呐喊》的来由。

我有四年多，曾经常常，——几乎是每天，出入于当铺和药店里，年纪可是忘却了，总之是药店的柜台正和我一样高，当铺的是比我高一倍，我从一倍高的柜台外送上衣服或首饰去，在侮蔑里接了钱，再到一样高的柜台上给我久病的父亲去买药。回家之后，又须忙别的事了，因为开方的医生是最有名的，以此所用的药引也奇特：冬天的芦根，经霜三年的甘蔗，蟋蟀要原对的，结子的平地木……多不是容易办到的东西。然而我的父亲终于日重一日的亡故了。

有谁从小康人家而坠入困顿的么，我以为在这路途中，大概可以看见世人的真面目；我要到N进K学堂去了，仿佛是想走异路，逃异地，去寻求别样的人们。我的母亲没有法，办了八元的川资，说是由我的自便；然而伊哭了，这正是情理中的事，因为那时读书应试是正路，所谓学洋务，社会上便以为是一种走投无路的人，只得将灵魂卖给鬼子，要加倍的奚落而且排斥的，而况伊又看不见自己的儿子了。然而我也顾不得这些事，终于到N去进了K学堂了，在这学堂里，我才知道世上还有所谓格致，算学，地理，历史，绘图和体操。

鲁迅（1881—1936），中国现代伟大的文学家、翻译家和新文学运动的奠基人。原名周树人，字豫才，浙江绍兴人。主要作品有《呐喊》《彷徨》《野草》《朝花夕拾》《且介亭杂文》等专集，中篇小说《阿Q正传》。他领导和支持了"未名社"、"朝花社"等进步的文学团体；主编了《国民新报副刊》《莽原》《奔流》《萌芽》《译文》等文艺期刊。还编著了《中国小说史略》《汉文学史纲要》《唐宋传奇集》《小说旧闻钞》等等。1936年10月19日病逝于上海。

生理学并不教，但我们却看到些木版的《全体新论》和《化学卫生论》之类了。我还记得先前的医生的议论和方药，和现在所知道的比较起来，便渐渐地悟得中医不过是一种有意的或无意的骗子，同时又很起了对于被骗的病人和他的家族的同情；而且从译出的历史上，又知道了日本维新是大半发端于西方医学的事实。

因为这些幼稚的知识，后来便使我的学籍列在日本一个乡间的医学专门学校里了。我的梦很美满，预备卒业回来，救治像我父亲似的被误的病人的疾苦，战争时候便去当军医，一面又促进了国人对于维新的信仰。我已不知道教授微生物学的方法，现在又有了怎样的进步了，总之那时是用了电影，来显示微生物的形状的，因此有时讲义的一段落已完，而时间还没有到，教师便映些风景或时事的画片给学生看，以用去这多余的光阴。其时正当日俄战争的时候，关于战事的画片自然也就比较的多了，我在这一个讲堂中，便须常常随喜我那同学们的拍手和喝彩。有一回，我竟在画片上忽然会见我久违的许多中国人了，一个绑在中间，许多站在左右，一样是强壮的体格，而显出麻木的神情。据解说，则绑着的是替俄国做了军事上的侦探，正要被日军砍下头颅来示众，而围着的便是来赏鉴这示众的盛举的人们。

这一学年没有完毕，我已经到了东京了，因为从那一回以后，我便觉得医学并非一件紧要事，凡是愚弱的国民，即使体格如何健全，如何茁壮，也只能做毫无意义的示众的材料和看客，病死多少是不必以为不幸的。所以我们的第一要著，是在改变他们的精神，而善于改变精神的是，我那时以为当然要推文艺，于是想提倡文艺运动了。在东京的留学生很有学法政理化以至警察工业的，但没有人治文学和美术；可是在冷淡的空气中，也幸而寻到几个同志了，此外又邀集了必需的几个人，商量之后，第一步当然是出杂志，名目是取"新的生命"的意思，因为我们那时大抵带些复古的倾向，所以只谓之《新生》。

《新生》的出版之期接近了，但最先就隐去了若干担当文字的人，接着又逃走了资本，结果只剩下不名一钱的三个人。创始时候既已背时，失败时候当然无可告语，而其后却连这三个人也都为各自的运命所驱策，不能在一处纵谈将来的好梦了，这就是我们的并未产生的《新生》的结局。

我感到未尝经验的无聊，是自此以后的事。我当初是不知其所以然的；后来想，凡有一人的主张，得了赞和，是促其前进的，得了反对，是促其奋斗的，

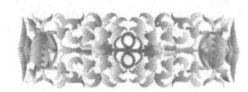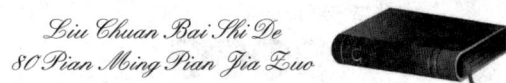

独有叫喊于生人中，而生人并无反应，既非赞同，也无反对，如置身毫无边际的荒原，无可措手的了，这是怎样的悲哀呵，我于是以我所感到者为寂寞。这寂寞又一天一天的长大起来，如大毒蛇，缠住了我的灵魂了。

　　然而我虽然自有无端的悲哀，却也并不愤懑，因为这经验使我反省，看见自己了：就是我绝不是一个振臂一呼应者云集的英雄。只是我自己的寂寞是不可不驱除的，因为这于我太痛苦。我于是用了种种法，来麻醉自己的灵魂，使我沉入于国民中，使我回到古代去，后来也亲历或旁观过几样更寂寞更悲哀的事，都为我所不愿追怀，甘心使他们和我的脑一同消灭在泥土里的，但我的麻醉法却也似乎已经奏了功，再没有青年时候的慷慨激昂的意思了。

　　S会馆里有三间屋，相传是往昔曾在院子里的槐树上缢死过一个女人的，现在槐树已经高不可攀了，而这屋还没有人住；许多年，我便寓在这屋里抄古碑。客中少有人来，古碑中也遇不到什么问题和主义，而我的生命却居然暗暗的消去了，这也就是我唯一的愿望。夏夜，蚊子多了，便摇着蒲扇坐在槐树下，从密叶缝里看那一点一点的青天，晚出的槐蚕又每每冰冷的落在头颈上。

　　那时偶或来谈的是一个老朋友金心异，将手提的大皮夹放在破桌上，脱下长衫，对面坐下了，因为怕狗，似乎心房还在怦怦的跳动。

　　"你抄了这些有什么用？"有一夜，他翻着我那古碑的钞本，发了研究的质问了。

　　"没有什么用。"

　　"那么，你抄他是什么意思呢？"

　　"没有什么意思。"

　　"我想，你可以做点文章……"

　　我懂得他的意思了，他们正办《新青年》，然而那时仿佛不特没有人来赞同，并且也还没有人来反对，我想，他们许是感到寂寞了，但是说：

　　"假如一间铁屋子，是绝无窗户而万难破毁的，里面有许多熟睡的人们，不久都要闷死了，然而是从昏睡入死灭，并不感到就死的悲哀。现在你大嚷起来，惊起了较为清醒的几个人，使这不幸的少数者来受无可挽救的临终的苦楚，你倒以为对得起他们么？"

　　"然而几个人既然起来，你不能说绝没有毁坏这铁屋的希望。"

　　是的，我虽然自有我的确信，然而说到希望，却是不能抹杀的，因为希望

是在于将来，决不能以我之必无的证明，来折服了他之所谓可有，于是我终于答应他也做文章了，这便是最初的一篇《狂人日记》。从此以后，便一发而不可收，每写些小说模样的文章，以敷衍朋友们的嘱托，积久了就有了十余篇。

在我自己，本以为现在是已经并非一个迫切而不能已于言的人了，但或者也还未能忘怀于当日自己的寂寞的悲哀吧，所以有时候仍不免呐喊几声，聊以慰藉那在寂寞里奔驰的猛士，使他不惮于前驱。至于我的喊声是勇猛或是悲哀，是可憎或是可笑，那倒是不暇顾及的；但既然是呐喊，则当然须听将令的了，所以我往往不恤用了曲笔，在《药》的瑜儿的坟上凭空添上一个花环，在《明天》里也不叙单四嫂子竟没有做到看见儿子的梦，因为那时的主将是不主张消极的。至于自己，却也并不愿将自以为苦的寂寞，再来传染给也如我那年青时候似的正做着好梦的青年。

这样说来，我的小说和艺术的距离之远，也就可想而知了，然而到今日还能蒙着小说的名，甚而至于且有成集的机会，无论如何总不能不说是一件侥幸的事，但侥幸虽使我不安于心，而悬揣人间暂时还有读者，则究竟也仍然是高兴的。

所以我竟将我的短篇小说结集起来，而且付印了，又因为上面所说的缘由，便称之为《呐喊》。

一九二二年十二月三日，鲁迅记于北京。

我所知道的康桥

〔中国〕徐志摩

一

我这一生的周折，大都寻得出感情的线索。不论别的，单说求学。我到英国是要从卢梭。卢梭来中国时，我已经在美国。他那不确的死耗传到的时候，我真的出眼泪不够，还做悼诗来了。他没有死，自然高兴。我摆脱了哥伦比亚大博士衔的引诱，买船漂过大西洋，想跟这位二十世纪的福禄泰尔认真念一点书去。谁知一到英国才知道事情变样了：一为他在战时主张和平，二为他离婚，卢梭收康桥给除名了，他原来是 Trinity Col—lege 的 fellow，这一来他的 fellowCship 也给取消了。他回英国后就在伦敦住下，夫妻两人卖文章过日子。因此我也不曾遂我从学的始愿。

我在伦敦政治经济学院里混了半年，正感着闷想换路走的时候，我认识了狄更生先生。狄更生——Go ldsworthy Lowes Dickinson——是一个有名的作者，他的《一个中国人通信》（Letters formJohnchinaman）与《一个现代聚餐谈话》（AModern Symposium）两本小册子早得了我的景仰。我第一次会着他是在伦敦国际联盟协会席上，那天林宗孟先生演说，他做主席；第二次是宗孟寓里吃茶，有他。以后我常到他家里去。他看出我的烦闷，劝我到康桥去，他自己是王家学院（King's Col—lege）的 fellow。我就写信去问两个学院，回信都说学额早满了，随后还是狄更生先生替我去在他的学院里说好了，给我一个特别生的资格，随意选科听

徐志摩（1897—1931），原名章垿，字槱森，后改字志摩，生于清光绪二十二年十二月十三酉时，浙江海宁人，中国著名新月派现代诗人、散文家，亦是著名武侠小说作家金庸的表兄。徐志摩出生于富裕家庭，并曾留学英国。一生追求"爱"、"自由"与"美"（胡适语），虽然为他带来了不少创作灵感，但亦断送了他的一生。徐志摩倡导新诗格律，对中国新诗的发展作出了重要的贡献。

讲。从此黑方巾、黑披袍的风光也被我占着了。

初起我在离康桥六英里的乡下叫沙士顿地方租了几间小屋住下，同居的有我从前的夫人张幼仪女士与郭虞裳君。每天一早我坐街车（有时自行车）上学到晚回家。这样的生活过了一个春，但我在康桥还只是个陌生人谁都不认识，康桥的生活，可以说完全不曾尝着，我知道的只是一个图书馆，几个课室，和三两个吃便宜饭的茶食铺子。狄更生常在伦敦或是大陆上，所以也不常见他。那年的秋季我一个人回到康桥，整整有一学年，那时我才有机会接近真正的康桥生活，同时，我也慢慢的"发见"了康桥。我不曾知道过更大的愉快。

二

"单独"是一个耐寻味的现象。我有时想它是任何发见的第一个条件。你要发见你的朋友的"真"，你得有与他单独的机会。你要发见你自己的真，你得给你自己一个单独的机会。你要发见一个地方（地方一样有灵性），你也得有单独玩的机会。我们这一辈子，认真说，能认识几个人？能认识几个地方？我们都是太匆忙，太没有单独的机会。说实话，我连我的本乡都没有什么了解。康桥我要算是有相当交情的，再次许只有新认识的翡冷翠了。啊，那些清晨，那些黄昏，我一个人发疑似的在康桥！绝对的单独。

但一个人要写他最心爱的对象，不论是人是地，是多么使他为难的一个工作？你怕，你怕描坏了它，你怕说过分了恼了它，你怕说太谨慎了辜负了它。我现在想写康桥，也正是这样的心理，我不曾写，我就知道这回是写不好的——况且又是临时逼出来的事情。但我却不能不写，上期预告已经出去了。我想勉强分两节写：一是我所知道的康桥的天然景色；一是我所知道的康桥的学生生活。我今晚只能极简的写些，等以后有兴会时再补。

三

康桥的灵性全在一条河上；康河，我敢说是全世界最秀丽的一条水。河的名字是葛兰大（Granta），也有叫康河（Kiver Cam）的，许有上下流的区别，我不甚清楚。河身多的是曲折，上游是有名的拜伦潭——"Byron's Pool"——当年拜伦常在那里玩的；有一个老村子叫格兰骞斯德，有一个果子园，你可以躺在累累的桃李树荫下吃茶，花果会掉入你的茶杯，小雀子会到你桌上

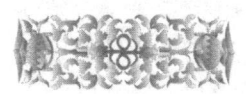

来啄食，那真是别有一番天地。这是上游；下游是从骞斯德顿下去，河面展开，那是春夏间竞舟的场所。上下河分界处有一个坝筑，水流急得很，在星光下听水声，听近村晚钟声，听河畔倦牛刍草声，是我康桥经验中最神秘的一种：大自然的优美、宁静，调谐在这星光与波光的默契中不期然地淹入了你的性灵。

但康河的精华是在它的中权，著名的"Backs"这两岸是几个最蜚声的学院的建筑。从上面下来是 Pembroke, St. Katharine's, King's, Clare, Trinity, St. John's。最令人流连的一节是克莱亚与王家学院的毗连处，克莱亚的秀丽紧邻着王家教堂（King's Chapel）的宏伟。别的地方尽有更美更庄严的建筑，例如巴黎赛因河的罗浮宫一带，威尼斯的利阿尔多大桥的两岸，翡冷翠维基乌大桥的周遭；但康桥的"Backs"自有它的特长，这不容易用一二个状词来概括，它那脱尽尘埃气的一种清澈秀逸的意境可说是超出了画图而化生了音乐的神味。再没有比这一群建筑更调谐更匀称的了！论画，可比的许只有柯罗（Corot）的田野；论音乐，可比的许只有肖邦（Chopin）的夜曲。就这，也不能给你依稀的印象，它你的美感简直是神灵性的一种。

假如你站在王家学院桥边的那棵大椭树荫下眺望，右侧面，隔着一大方浅草坪，是我们的校友居（fellows building），那年代并不早，但它的妩媚也是不可掩的，它那苍白的石壁上春夏间满缀着艳色的蔷薇在和风中摇头，更移左是那教堂，森林似的尖阁不可浼的永远直指着天空；更左是克莱亚，啊！那不可信的玲珑的方庭，谁说这不是圣克莱亚（St. Clare）的化身，哪一块石上不闪耀着她当年圣洁的精神？在克莱亚后背隐约可辨的是康桥最潇贵最骄纵的三一学院（Trinity），它那临河的图书楼上坐镇着拜伦神采惊人的雕像。

但这时你的注意早已叫克莱亚的三环洞桥魔术似的摄住。你见过西湖白堤上的西泠断桥不是？（可怜它们早已叫代表近代丑恶精神的汽车公司给铲平了，现在它们跟着苍凉的雷峰永远辞别了人间。）你忘不了那桥上斑驳的苍苔，木栅的古色，与那桥拱下泄露的湖光与山色不是？克莱亚并没有那样体面的衬托，它也不比庐山栖贤寺旁的观音桥，上瞰五老的奇峰，下临深潭与飞瀑；它只是怯伶伶的一座三环洞的小桥，它那桥洞间也只掩映着细纹的波鳞与婆娑的树影，它那桥上栉比的小穿兰与兰节顶上双双的白石球，也只是村姑子头上不夸张的香草与野花一类的装饰；但你凝神的看着，更凝神的看着，你再反省你的心境，看还有一丝屑的俗念沾滞不？只要你审美的本能不曾汩灭时，这是你的机会实现纯粹美感的神奇！

但你还得选你赏鉴的时辰。英国的天时与气候是走极端的。冬天是荒谬的坏，逢着连绵的雾雨天你一定不迟疑的甘愿进地狱本身去试试；春天（英国是几乎没有夏天的）是更荒谬的可爱，尤其是它那四五月间最渐缓最艳丽的黄昏，那才真是寸寸黄金。在康河边上过一个黄昏是一服灵魂的补剂。啊！我那时蜜甜的单独，那时蜜甜的闲暇。一晚又一晚的，只见我出神似的倚在桥阑上向西天凝望：——

看一回凝静的桥影，

数一数螺钿的波纹：

我倚暖了石阑的青苔，青苔凉透了我的心坎；……

还有几句更笨重的怎能仿佛那游丝似轻妙的情景：

难忘七月的黄昏，远树凝寂，

像墨泼的山形，衬出轻柔暝色

密稠稠，七分鹅黄，三分桔绿，

那妙意只可去秋梦边缘捕捉；……

四

这河身的两岸都是四季常青最葱翠的草坪。从校友居的楼上望去，对岸草场上，不论早晚，永远有十数匹黄牛与白马，胫蹄没在恣蔓的草丛中，从容的在咬嚼，星星的黄花在风中动荡，应和着它们尾鬃的扫拂。桥的两端有斜倚的垂柳与槐荫护住。水是澈底的清澄，深不足四尺，匀匀的长着长条的水草。这岸边的草坪又是我的爱宠，在清朝，在傍晚，我常去这天然的织锦上坐地，有时读书，有时看水；有时仰卧着看天空的行云，有时反扑着搂抱大地的温软。

但河上的风流还不止两岸的秀丽。你得买船去玩。船不止一种：有普通的双桨划船，有轻快的薄皮舟（canoe），有最别致的长形撑篙船（punt）。最末的一种是别处不常有的：约莫有二丈长，三尺宽，你站直在船艄上用长竿撑着走的。这撑是一种技术。我手脚太蠢，始终不曾学会。你初起手尝试时，容易把船身横住在河中，东颠西撞的狼狈。英国人是不轻易开口笑人的，但是小心他们不出声的皱眉！也不知有多少次河中本来悠闲的秩序叫我这莽撞的外行给搅乱了。我真的始终不曾学会；每回我不服输跑去租船再试的时候，有一个白胡子的船家往往带讥讽的对我说：“先生，这撑船费劲，天热累人，还是拿个

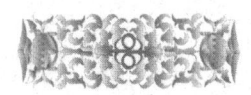

薄皮舟溜溜吧！"我哪里肯听话，长篙子一点就把船撑了开去，结果还是把河身一段段的腰斩了去。

你站在桥上去看人家撑，那多不费劲，多美！尤其在礼拜天有几个专家的女郎，穿一身缟素衣服，裙裾在风前悠悠的飘着，戴一顶宽边的薄纱帽，帽影在水草间颤动，你看她们出桥洞时的姿态，捻起一根竟像没有分量的长竿，只轻轻的，不经心地往波心里一点，身子微微的一蹲，这船身便波地转出了桥影，翠条鱼似的向前滑了去。她们那敏捷，那闲暇，那轻盈，真是值得歌咏的。

在初夏阳光渐暖时你去买一支小船，划去桥边荫下躺着念你的书或是做你的梦，槐花香在水面上飘浮，鱼群的唼喋声在你的耳边挑逗。或是在初秋的黄昏，近着新月的寒光，望上流僻静处远去。爱热闹的少年们携着他们的女友，在船沿上支着双双的东洋彩纸灯，带着话匣子，船心里用软垫铺着，也开向无人迹处去享他们的野福——谁不爱听那水底翻的音乐在静定的河上描写梦意与春光！

住惯城市的人不易知道季候的变迁。看见叶子掉知道是秋，看见叶子绿知道是春；天冷了装炉子，天热了拆炉子；脱下棉袍，换上夹袍，脱下夹袍，穿上单袍：不过如此吧了。天上星斗的消息，地下泥土里的消息，空中风吹的消息，都不关我们的事。忙着哪，这样那样事情多着，谁耐烦管星星的移转，花草的消长，风云的变幻？同时我们抱怨我们的生活、苦痛、烦闷、拘束、枯燥，谁肯承认做人是快乐？谁不多少间诅咒人生？

但不满意的生活大都是由于自取的。我是一个生命的信仰者，我信生活决不是我们大多数人仅仅从自身经验推得的那样暗惨。我们的病根是在"忘本"。人是自然的产儿，就比枝头的花与鸟是自然的产儿；但我们不幸是文明人，入世深似一天，离自然远似一天。离开了泥土的花草，离开了水的鱼，能快活吗？能生存吗？从大自然，我们取得我们的生命；从大自然，我们应分取得我们继续的资养。哪一株婆娑的大木没有盘错的根柢深入在无尽藏的地里？我们是永远不能独立的。有幸福是永远不离母亲抚育的孩子，有健康是永远接近自然的人们。不必一定与鹿豕游，不必一定回"洞府"去；为医治我们当前生活的枯窘，只要"不完全遗忘自然"一张轻淡的药方我们的病象就有缓和的希望。在青草里打几个滚，到海水里洗几次浴，到高处去看几次朝霞与晚照——你肩背上的负担就会轻松了去的。

这是极肤浅的道理，当然。但我要没有过过康桥的日子，我就不会有这样

的自信。

我这一辈子就只那一春，说也真可怜，算是不曾虚度。就只那一春，我的生活是自然的，是真愉快的！（虽则碰巧那也是我最感受人生痛苦的时期）我那时有的是闲暇，有的是自由，有的是绝对单独的机会。说也奇怪，竟像是第一次，我辨认了星月的光明，草的青，花的香，流水的殷勤。我能忘记那初春的睥睨吗？曾经有多少个清晨我独自冒着冷去薄霜铺地的林子里闲步——为听鸟语，为盼朝阳，为寻泥土里渐次苏醒的花草，为体会最微细最神妙的春信。啊，那是新来的画眉在那边凋不尽的青枝上试它的新声！啊，这是第一朵小雪球花挣出了半冻的地面！啊，这不是新来的潮润沾上了寂寞的柳条？

静极了，这朝来水溶溶的大道，只远处牛奶车的铃声，点缀这周遭的沉默。顺着这大道走去，走到尽头，再转入林子里的小径，往烟雾浓密处走去，头顶是交枝的榆荫，透露着漠愣愣的曙色；再往前走去，走尽这林子，当前是平坦的原野，望见了村舍，初青的麦田，更远三两个馒形的小山掩住了一条通道。天边是雾茫茫的，尖尖的黑影是近村的教寺。听，那晓钟和缓的清音。这一带是此邦中部的平原，地形像是海里的轻波，默沉沉的起伏；山岭是望不见的，有的是常青的草原与沃腴的田壤。登那土阜上望去，康桥只是一带茂林，拥戴着几处娉婷的尖阁。妩媚的康河也望不见踪迹，你只能循着那锦带似的林木想象那一流清浅。村舍与树林是这地盘上的棋子，有村舍处有佳荫，有佳荫处有村舍。这早起是看炊烟的时辰：朝雾渐渐的升起，揭开了这灰苍苍的天幕（最好是微霭后的光景），远近的炊烟，成丝的、成缕的、成卷的、轻快的、迟重的、浓灰的、淡青的、惨白的，在静定的朝气里渐渐的上腾，渐渐地不见，仿佛是朝来人们的祈祷，参差的翳入了天听。朝阳是难得见的，这初春的天气。但它来时是起早人莫大的愉快。顷刻间这田野添深了颜色，一层轻纱似的金粉糁上了这草，这树，这通道，这庄舍。顷刻间这周遭弥漫了清晨富丽的温柔。顷刻间你的心怀也分润了白天诞生的光荣。"春"！这胜利的晴空仿佛在你的耳边私语。"春！"你那快活的灵魂也仿佛在那里回响。

伺候着河上的风光，这春来一天有一天的消息。关心石上的苔痕，关心败草里的花鲜，关心这水流的缓急，关心水草的滋长，关心天上的云霞，关心新来的鸟语。怯伶伶的小雪球是探春信的小使。铃兰与香草是欢喜的初声。窈窕的莲馨，玲珑的石水仙，爱热闹的克罗克斯，耐辛苦的蒲公英与雏菊——这时候春光已是烂漫在人间，更不须殷勤问讯。

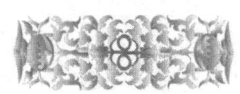

瑰丽的春放。这是你野游的时期。可爱的路政，这里不比中国，哪一处不是坦荡荡的大道？徒步是一个愉快，但骑自行车是一个更大的愉快，在康桥骑车是普遍的技术；妇人、稚子、老翁，一致享受这双轮舞的快乐。（在康桥听说自行车是不怕人偷的，就为人人都自己有车，没人要偷）任你选一个方向，任你上一条通道，顺着这带草味的和风，放轮远去，保管你这半天的逍遥是你性灵的补剂。这道上有的是清荫与美草，随地都可以供你休憩。你如爱花，这里多的是锦绣似的草原。你如爱鸟，这里多的是巧啭的鸣禽。你如爱儿童，这乡间到处是可亲的稚子。你如爱人情，这里多的是不嫌远客的乡人，你到处可以"挂单"借宿，有酪浆与嫩薯供你饱餐，有夺目的果鲜恣你尝新。你如爱酒，这乡间每"望"都为你储有上好的新酿，黑啤如太浓，苹果酒、姜酒都是供你解渴润肺的。……带一卷书，走十里路，选一块清静地，看天，听鸟，读书，倦了时，和身在草绵绵处寻梦去——你能想象更适情更适性的消遣吗？

陆放翁有一联诗句："传呼快马迎新月，却上轻舆趁晚凉。"这是做地方官的风流。我在康桥时虽没马骑，没轿子坐，却也有我的风流：我常常在夕阳西晒时骑了车迎着天边扁大的日头直追。日头是追不到的，我没有夸父的荒诞，但晚景的温存却被我这样偷尝了不少。有三两幅画图似的经验至今还是栩栩的留着。只说看夕阳，我们平常只知道登山或是临海，但实际只须辽阔的天际，平地上的晚霞有时也是一样的神奇。有一次我赶到一个地方，手把着一家村庄的篱笆，隔着一大田的麦浪，看西天的变幻。有一次是正冲着一条宽广的大道，过来一大群羊，放草归来的，偌大的太阳在它们后背放射着万缕的金辉，天上却是乌青青的，只剩这不可逼视的威光中的一条大路，一群生物，我心头顿时感着神异性的压迫，我真的跪下了，对着这冉冉渐翳的金光。再有一次是更不可忘的奇景，那是临着一大片望不到头的草原，满开着艳红的罂粟，在青草里亭亭像是万盏的金灯，阳光从褐色云斜着过来，幻成一种异样紫色，透明似的不可逼视，刹那间在我迷眩了的视觉中，这草田变成了……不说也罢，说来你们也是不信的！

一别二年多了，康桥，谁知我这思乡的隐忧？也不想别的，我只要那晚钟撼动的黄昏，没遮拦的田野，独自斜倚在软草里，看第一个大星在天边出现！

十五年一月十五日

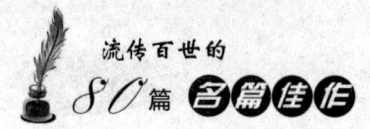

再别康桥

〔中国〕徐志摩

轻轻地我走了，
正如我轻轻地来；
我轻轻地招手，
作别西天的云彩。

那河畔的金柳，
是夕阳中的新娘；
波光里的艳影，
在我的心头荡漾。

软泥上的青荇，
油油的在水底招摇；
在康河的柔波里，
我甘心做一条水草！

那榆荫下的一潭，
不是清泉，
是天上虹；
揉碎在浮藻间，
沉淀着彩虹似的梦。

寻梦？撑一支长篙，

向青草更青处漫溯；
满载一船星辉，
在星辉斑斓里放歌。

但我不能放歌，
悄悄是别离的笙箫；
夏虫也为我沉默，
沉默是今晚的康桥！

悄悄地我走了，
正如我悄悄地来；
我挥一挥衣袖，
不带走一片云彩。

※ 康桥，即英国著名的剑桥大学所在地。1920 年 10 月—1922 年 8 月，诗人曾游学于此。康桥时期是徐志摩一生的转折点。诗人在《猛虎集·序文》中曾经自陈道：在 24 岁以前，对于诗的兴味远不如对于相对论或民约论的兴味。正是康河的水，开启了诗人的性灵，唤醒了久蛰在他心中的诗人的天命。因此，他后来曾满怀深情地说："我的眼是康桥教我睁的，我的求知欲是康桥给我拨动的，我的自我意识是康桥给我胚胎的。"（《吸烟与文化》）1928 年，诗人故地重游。11 月 6 日，在归途的南中国海上，他吟成了这首传世之作。

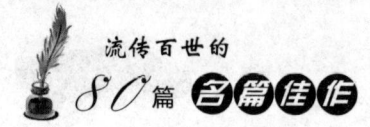

初到清华记

〔中国〕朱自清

朱自清（1898—1948），原名自华，字佩弦，号秋实，原籍浙江绍兴，生于江苏省海州。现代散文家、诗人、教授。1948年8月20日，因贫病在北平逝世，著有《踪迹》，散文集《背影》《欧游杂记》《你我》《伦敦杂记》，文艺论著《诗言志辨》《记雅俗共赏》等。

　　从前在北平读书的时候，老在城圈儿里呆着。四年中虽也游过三五回西山，却从没来过清华；说起清华，只觉得很远很远而已。那时也不认识清华人，有一回北大和清华学生在青年会举行英语辩论，我也去听。清华的英语确是流利得多，他们胜了。那回的题目和内容，已忘记干净；只记得复辩时，清华那位领袖很神气，引着孔子的什么话。北大答辩时，开头就用了ｆｕｒｉｏｕｓｌｙ一个字叙述这位领袖的态度。这个字也许太过，但也道着一点儿。那天清华学生是坐大汽车进城的，车便停在青年会前头；那时大汽车还很少。那是冬末春初，天很冷。一位清华学生在屋里只穿单大褂，将出门却套上厚厚的皮大氅。这种"行"和"衣"的路数，在当时却透着一股标劲儿。

　　初来清华，在十四年夏天。刚从南方来北平，住在朝阳门边一个朋友家。那时教务长是张仲述先生，我们没见面。我写信给他，约定第三天上午去看他。写信时也和那位朋友商量过，十点赶得到清华么，从朝阳门哪儿？他那时已经来过一次，但似乎只记得"长林碧草"——他写到南方给我的信这么说——说不出路上究竟要多少时候。他劝我八点动身，雇洋车直到西直门换车，免得老等电车，又换来换去的，耽误事。那时西直门到清华只有洋车直达；后来知道也可以搭香山汽车到海甸再乘洋车，但那是后来的事了。

　　第三天到了，不知是起得晚了些还是别的，跨出朋友家，

已经九点挂零。心里不免有点儿急，车夫走的也特别慢似的。到西直门换了车。据车夫说本有条小路，雨后积水，不通了；那只得由正道了。刚出城一段儿还认识，因为也是去万生园的路；以后就茫然。到黄庄的时候，瞧着些屋子，以为一定是海甸了；心里想清华也就快到了吧，自己安慰着。快到真的海甸时，问车夫，"到了吧？""没哪。这是海——甸。"这一下更茫然了。海甸这么难到，清华要何年何月呢？而车夫说饿了，非得买点儿吃的。吃吧，反正豁出去了。这一吃又是十来分钟。说还有三里多路呢。那时没有燕京大学，路上没什么看的，只有远处淡淡的西山——那天没有太阳——略略可解闷儿。好容易过了红桥，喇嘛庙，渐渐看见两行高柳，像穿门一般。什刹海的垂杨虽好，但没有这么多这么深，那时路上只有我一辆车，大有长驱直入的神气。柳树前一面牌子，写着"入校车马缓行"；这才真到了，心里想，可是大门还够远的，不用说西院门又骗了我一次，又是六七分钟，才真真到了。坐在张先生客厅里一看钟，十二点还欠十五分。

张先生住在乙所，得走过那"长林碧草"，那浓绿真可醉人。张先生客厅里挂着一副有正书局印的邓完白隶书长联。我有一个会写字的同学，他喜欢邓完白，他也有这一副对联；所以我这时如见故人一般。张先生出来了。他比我高得多，脸也比我长得多，一眼看出是个顶能干的人。我向他道歉来得太晚，他也向我道歉，说刚好有个约会，不能留我吃饭。谈了不大工夫，十二点过了，我告辞。到门口，原车还在，坐着回北平吃饭去。过了一两天，我就搬行李来了。这回却坐了火车，是从环城铁路朝阳门站上车的。

以后城内城外来往的多了，得着一个诀窍：就是在西直门一上洋车，且别想"到"清华，不想着不想着也就到了。——香山汽车也搭过一两次，可真够瞧的。两条腿有时候简直无放处，恨不得不是自己的。有一回，在海甸下了汽车，在现在"西园"后面那个小饭馆里，拣了临街一张四方桌，坐在长凳上，要一碟苜蓿肉，两张家常饼，二两白玫瑰，吃着喝着，也怪有意思；而且还在那桌上写了《我的南方》一首歪诗。那时海甸到清华一路常有穷女人或孩子跟着车要钱。他们除"您修好"等等常用语句外，有时会说"您将来做校长"，这是别处听不见的。

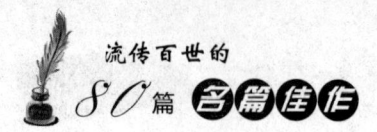
背 影

〔中国〕朱自清

　　我与父亲不相见已二年余了，我最不能忘记的是他的背影。那年冬天，祖母死了，父亲的差使也交卸了，正是祸不单行的日子，我从北京到徐州，打算跟着父亲奔丧回家。到徐州见着父亲，看见满院狼藉的东西，又想起祖母，不禁簌簌地流下眼泪。父亲说，"事已如此，不必难过，好在天无绝人之路！"

　　回家变卖典质，父亲还了亏空；又借钱办了丧事。这些日子，家中光景很是惨淡，一半为了丧事，一半为了父亲赋闲。丧事完毕，父亲要到南京谋事，我也要回北京念书，我们便同行。

　　到南京时，有朋友约去游逛，勾留了一日；第二日上午便须渡江到浦口，下午上车北去。父亲因为事忙，本已说定不送我，叫旅馆里一个熟识的茶房陪我同去。他再三嘱咐茶房，甚是仔细。但他终于不放心，怕茶房不妥帖；颇踌躇了一会。其实我那年已二十岁，北京已来往过两三次，是没有什么要紧的了。他踌躇了一会，终于决定还是自己送我去。我两三回劝他不必去；他只说，"不要紧，他们去不好！"

　　我们过了江，进了车站。我买票，他忙着照看行李。行李太多了，得向脚夫行些小费，才可过去。他便又忙着和他们讲价钱。我那时真是聪明过分，总觉他说话不大漂亮，非自己插嘴不可。但他终于讲定了价钱；就送我上车。他给我拣定了靠车门的一张椅子；我将他给我做的紫毛大衣铺好坐位。他嘱我路上小心，夜里警醒些，不要受凉。又嘱托茶房好好照应我。我心里暗笑他的迂；他们只认得钱，托他们真是白托！而且我这样大年纪的人，难道还不能料理自己么？唉，我现在想想，那时真是太聪明了！

　　我说道，"爸爸，你走吧。"他望车外看了看，说，"我买几个橘子去。你就在此地，不要走动。"我看那边月台的栅栏外有几个卖东西的等着顾客。

走到那边月台，须穿过铁道，须跳下去又爬上去。父亲是一个胖子，走过去自然要费事些。我本来要去的，他不肯，只好让他去。我看见他戴着黑布小帽，穿着黑布大马褂，深青布棉袍，蹒跚地走到铁道边，慢慢探身下去，尚不大难。可是他穿过铁道，要爬上那边月台，就不容易了。他用两手攀着上面，两脚再向上缩；他肥胖的身子向左微倾，显出努力的样子。这时我看见他的背影，我的泪很快地流下来了。我赶紧拭干了泪，怕他看见，也怕别人看见。我再向外看时，他已抱了朱红的橘子往回走了。过铁道时，他先将橘子散放在地上，自己慢慢爬下，再抱起橘子走。到这边时，我赶紧去搀他。他和我走到车上，将橘子一股脑儿放在我的皮大衣上。于是扑扑衣上的泥土，心里很轻松似的，过一会说，"我走了；到那边来信！"我望着他走出去。他走了几步，回过头看见我，说，"进去吧，里边没人。"等他的背影混入来来往往的人里，再找不着了，我便进来坐下，我的眼泪又来了。

近几年来，父亲和我都是东奔西走，家中光景是一日不如一日。他少年出外谋生，独力支持，做了许多大事。哪知老境却如此颓唐！他触目伤怀，自然情不能自已。情郁于中，自然要发之于外；家庭琐屑便往往触他之怒。他待我渐渐不同往日。但最近两年的不见，他终于忘却我的不好，只是惦记着我，惦记着我的儿子。我北来后，他写了一信给我，信中说道，"我身体平安，惟膀子疼痛厉害，举箸提笔，诸多不便，大约大去之期不远矣。"我读到此处，在晶莹的泪光中，又看见那肥胖的，青布棉袍，黑布马褂的背影。唉！我不知何时再能与他相见！

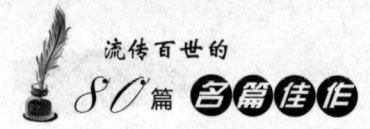

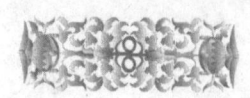

五四断想

〔中国〕闻一多

闻一多（1899—1946），原名闻家骅，号友三，生于湖北浠水。1912年考入北京清华学校，1919年五四运动中，积极参加学生运动，被选为清华学生代表，出席在上海召开的全国学生联合会。

旧的悠悠死去，新的悠悠生出，不慌不忙，一个跟一个，——这是演化。

新的已经来到，旧的还不肯去，新的急了，把旧的挤掉，——这是革命。

挤是发展受到阻碍时必然的现象，而新的必然是发展的，能发展的必然是新的，所以青年永远是革命的，革命永远是青年的。

新的日日壮健着（量的增长），旧的日日衰老着（量的减耗），壮健的挤着衰老的，没有挤不掉的。所以革命永远是成功的。

革命成功了，新的变成旧的，又一批新的上来了。旧的停下来拦住去路，说："我是赶过路程来的，我的血汗不能白流，我该歇下来舒服舒服。"新的说："你的舒服就是我的痛苦，你耽误了我的路程。"又把它挤掉，……如此，武戏接二连三的演下去，于是革命似乎永远"尚未成功"。

让曾经新过来的旧的，不要只珍惜自己的过去，多多体念别人的将来，自己腰酸腿痛，拖不动了，就赶紧让。"功成身退"，不正是光荣吗？"后生可畏焉知来者之不如今也！"这也是古训啊！

其实青年并非永远是革命的，"青年永远是革命的"这定理，只在"老年永远是不肯让路的"这前提下才能成立。

革命也不能永远"尚未成功"。几时旧的知趣了，到时

就功成身退，不致阻碍了新的发展，革命便成功了。

旧的悠悠退去，新的悠悠上来，一个跟一个，不慌不忙，那天历史走上了演化的常轨，就不再需要变态的革命了。

但目前，我们还要用"挤"来争取"悠悠"，用革命来争取演化。"悠悠"是目的，"挤"是达到目的的手段。

于是又想到变与乱的问题。变是悠悠的演化，乱是挤来挤去的革命。若要不乱挤，就只得悠悠的变。若是该变而不变，那只有挤得你变了。

子在川上，曰："逝者如斯夫，不舍昼夜！"古训也发挥了变的原理。

※　五四运动是 1919 年 5 月 4 日在北京爆发的中国人民彻底的反对帝国主义、封建主义的爱国运动。五四运动是中国旧民主主义革命的结束和新民主主义革命的开端。

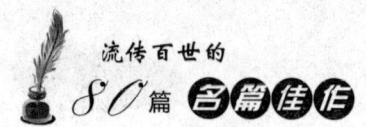

归来的温馨

〔智利〕聂鲁达

巴勃罗·聂鲁达（1904—1973），智利著名诗人。1923年8月，聂鲁达出版了第一部诗集《黄昏》，但是真正使他在文坛上成名的作品，是1924年出版的《20首情诗和一支绝望的歌》。1971年，因为他的诗歌具有自然力般的作用，复苏了一个大陆的命运和梦想而被授予诺贝尔文学奖。1973年9月23日，聂鲁达因病逝世。他的最后一部著作回忆录《我的生活经历》，于1974年出版。

　　我的住所幽深，院内树木繁茂。久别之后，房子的许多去处吸引我躲进去尽情享受归宿的温馨。花园里长起神奇的灌木丛，发出我从未领受过的芬芳。我种在花园深处的杨树，原来是那么细弱，那么不起眼，现在竟长成了大树。它枝插云天，表皮上有了智麓的故纹，梢头不停地颤动着新叶。

　　最后认出我的是栗树。当我走近时，它们光裸干枯的、高耸纷繁的枝条，显出莫测高深和满怀敌意的神态，而在它们躯干周围正萌动着无孔不入的智利的春天。我每回都去看望它们，因为我心里明白，它们需要我去巡礼，在清晨的寒冷中我凝然仁立在没有叶子的枝条下，直到有一天，一个羞怯的绿芽从树梢高处远远地探出来看我，随后出来了更多的绿芽。我出现的消息就这样传遍了那棵大栗树所有躲藏着的满怀疑虑的树叶；现在，它们骄傲地向我致意，然而已经习惯了我的归来。

　　鸟儿在枝头重新开始往日的啼鸣，仿佛树叶下什么变化也未曾发生。

　　书房里等待我的是冬天和残冬的浓烈气息，在我的住所中，书房最深刻地反映了我离家的迹象。

　　封存的书籍有一股亡魂的气味，直冲鼻子和心灵深处，因为这是遗忘——业已湮灭的记忆——所产生的气味。

　　在那古老的窗子旁边，面对着安第斯山顶上白色和蓝色的天空，在我的背后，我感到了正在与这些书籍进行搏斗的

春天的芬芳。书籍不愿摆脱长期被人抛弃的状态，依然散发出一阵阵遗忘的气息。春天身披新装，带着忍冬的香气，正在进入各个房间。

在我离家期间，书籍给弄得散乱不堪。这不是说书籍短缺了，而是它们的位置给挪动了。在一卷十七世纪古板的严肃的培根著作旁边，我看到萨尔加里的《尤卡坦旗舰》，尽管如此，它们倒还能够和睦相处。然而，一册《拜伦诗集》却散开了，我拿起来的时候，书皮像信天翁的黑翅膀那样掉落下来。我费力地把书脊和书皮缝上，事前我先饱览了那冷漠的浪漫主义。

海螺是我住所里最沉默的居民。从前海螺连年在大海里度过，养成了极深的沉默。如今，近几年的时光又给它增添了岁月和尘埃。可是，它那珍珠般冷冷的闪光，它那哥特式的同心椭圆形，或是它那张开的壳瓣，都使我记起远处的海岸和事件。这种闪着红光的珍贵海螺叫 Rostellaria，是古巴的软体动物学家——深海的魔术师——卡洛斯·德·拉·托雷有一次把它当作海底勋章赠给我的。这些加利福尼亚海里的"橄榄"，以及同一处来的带红刺的和带黑珍珠的牡蛎，都已经有点儿褪色，而且盖满尘埃了。从前，就在有那么多宝藏的加利福尼亚海上，我们险些遇难。

还有一些新居民，就是从封存了很久的大木箱里取出的书籍和物品。这些松木箱来自法国，箱子板上有地中海的气味，打开盖子时发出嘎吱嘎吱的歌声，随即箱内出现金光，露出维克多·雨果著作的红色书皮。旧版的《悲惨世界》便把形形色色令人心碎的生命，在我家的几堵墙壁之内安顿下来。 ·

不过，从这口灵柩般的大木箱里出来一张妇女的可爱的脸，木头做的高耸的乳房，一双浸透音乐和盐水的手。我给她取名叫"天堂里的马利亚"，因为她带来了失踪船只的秘密。我在巴黎一家旧货店里发现她光彩照人，那时她因为被人抛弃而面目全非。混在一堆废弃的金属器具里，埋在郊区阴郁的破布堆下面。现在，她被放置在高处，再次焕发着活泼、鲜艳的神采出航。每天清晨，她的双颊又将挂满神秘的露珠，或是水手的泪水，

玫瑰花在匆匆开放，从前，我对玫瑰很反感，因为她没完没了地附丽于文学，因为她太高傲，可是，眼看她们赤身裸体顶着严冬冒出来，当她在坚韧多刺的枝条间露出雪白的胸脯，或是露出紫红色的火团的时候，我心中渐渐充满柔情，赞叹她们含着挑战意味发出的浪涛般神秘的芳香与光彩；而这是她们适时从黑色土地里尽情吸取之后，像是责任心创造奇迹，在露天地里表露的爱。而现在，

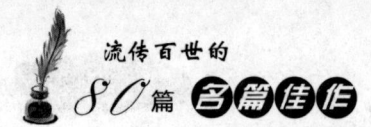
玫瑰带看动人的严肃神情挺立在每个角落，这种严肃与我正相符，因为她们和我都摆脱了奢侈与轻浮，各自尽力发出自己的一分光。

可是，四面八方吹未的风使花朵轻微起伏、颤动，飘来阵阵沁人心胖的芳香，青年时代的记忆涌来，令人陶醉：已经忘却的美好名字和美好时光，那轻轻抚摸过的纤手、高傲的琥珀色双眸以及随着时光流逝已不再梳理的发辫，一起涌上心头。

这是忍冬的芳香，这是春天的第一个吻。